Chocolat

HACHETTE

CHOCOLAT

Auteurs : Catherine Atkinson, Juliet Barker, Liz Martin,
Carol Tennant, Mari Mererid Williams et Elizabeth Wolf-Cohen

Photographie : Colin Bowling et Paul Forrester
Packaging : Domino
Traduction : Catherine Bricout et Catherine Pierre
Adaptation française : Françoise Blondel
Couverture : Nicole Dassonville

© 2001 Starfire book, The Foundry, pour l'édition anglaise
© 2002 HACHETTE LIVRE (Hachette Pratique) pour la traduction et l'adaptation française

ISBN : 201236730-5
Dépôt légal : 22777 / septembre 2002
23-27-6730-8/01
Imprimé en Chine

SOMMAIRE

GÂTEAUX INDIVIDUELS : brownies, cookies, muffins, sablés …

DESSERTS : cakes, entremets, gâteaux, glaces, mousses, puddings, tartes …

Manipuler le chocolat : astuces et techniques

Quelques techniques sont essentielles pour le traitement du chocolat. Elles sont toutes faciles à maîtriser avec un minimum de pratique. Vous trouverez ici des conseils généraux qui s'appliquent à tous les types de chocolat.

Faire fondre le chocolat

Tous les types de chocolat présentant une grande sensibilité à la chaleur, il faut être très attentif lorsqu'on le fait fondre. Il est intéressant de noter que les différentes marques de chocolat donnent des consistances différentes en cours de processus ou après. Essayez-en plusieurs pour choisir votre préférée.

En règle générale, il est essentiel de ne jamais mettre d'eau au contact du chocolat. En fait, une ou deux gouttes d'eau sont plus dangereuses qu'une quantité supérieure qui, elle, pourrait s'amalgamer. Le chocolat fondu risque de prendre et il sera impossible de lui rendre une consistance lisse et homogène. Évitez de faire trop chauffer le chocolat ou de le faire fondre dans une casserole en contact direct avec le feu. Utilisez toujours un bain-marie ou un récipient résistant à la chaleur posé sur une casserole d'eau. Le fond de ce récipient ne doit pas être en contact avec l'eau car le chocolat risquerait de trop chauffer. Gardez un œil sur le chocolat, vérifiez son état toutes les deux minutes et réduisez ou éteignez le feu sous la casserole si nécessaire. Remuez une ou deux fois pendant l'opération afin d'obtenir une pâte lisse et sans grumeaux. Une fois que le chocolat a fondu, ne le couvrez pas car il se formerait de la condensation, l'eau tomberait dans le chocolat et il serait gâché. Si un chocolat liquide et luisant se transforme en une masse terne, épaisse et granuleuse, il ne reste qu'à recommencer.

Faire fondre le chocolat au four à micro-ondes est une autre solution, mais elle nécessite aussi une certaine prudence. Suivez à la fois les instructions du fabricant du four et celles portées sur l'emballage du chocolat, et soyez vigilant. Faites fondre par périodes de 30 ou 60 secondes, en remuant bien entre-temps jusqu'à ce que le chocolat soit lisse. Si possible, éteignez le four avant que la totalité du chocolat ait fondu et laissez la chaleur résiduelle contenue dans le chocolat finir le travail. L'avantage du micro-ondes est qu'il évite l'utilisation d'une casserole.

Confectionner des décorations en chocolat

Copeaux et cigarettes Avec un couteau de peintre, on forme des copeaux de chocolat bien enroulés, parfaits pour la décoration des gâteaux. La cigarette peut remplacer le copeau mais est moins spectaculaire.

Pour créer l'une ou l'autre de ces formes, faites fondre le chocolat selon la méthode qui vous convient, puis étalez-le en fine couche sur une surface froide, par exemple une plaque de marbre ou de granit ou un carreau de céramique. Laissez-le se figer mais non durcir.

Pour former un copeau, prenez le couteau de peintre : posez-le sur la couche de chocolat, tenez-le à deux mains en biais selon un angle de 30° environ, puis poussez pour

détacher une couche de la surface. Elle s'enroulera sur elle-même jusqu'à ce que vous relâchiez la pression.

Pour former une cigarette, utilisez un grand couteau pointu à lame souple et inclinez-le à 45° au-dessus du chocolat. Raclez le chocolat en progressant rapidement avec le manche, en gardant la pointe au même endroit. Cette méthode permet d'obtenir des copeaux plus longs, plus fins et enroulés plus serrés.

Petits copeaux Rabotez un morceau épais de chocolat avec un épluche-légumes à lame mobile pour former des mini-copeaux. Pour un bon résultat, mieux vaut que le chocolat soit un peu mou, sinon il a tendance à se briser en petites écailles.

Motifs à l'emporte-pièce Étalez une fine couche de chocolat comme il est indiqué pour les copeaux et laissez-le prendre de la même façon. Utilisez des emporte-pièces ou un couteau pointu pour dessiner et découper des motifs qui décoreront les gâteaux.

Motifs fantaisie Avec une cuiller à café de chocolat fondu, dessinez des formes au hasard sur une feuille de papier sulfurisé. Laissez prendre et retirez le papier. Vous pouvez aussi dessiner une ligne en zigzag d'environ 5 cm de long sur une feuille de papier sulfurisé, en ajoutant une ligne droite légèrement plus longue à chacune des extrémités.

Feuilles en chocolat Beaucoup de feuilles de végétaux conviennent à ce type de décoration, mais assurez-vous d'abord qu'elles ne sont pas toxiques. Les feuilles de rosier se trouvent facilement et forment de jolis motifs. Lavez et séchez soigneusement les feuilles avant de les utiliser. Faites fondre le chocolat en suivant les indications fournies au début de ce chapitre. Avec un pinceau, badigeonnez le dos de la feuille d'une fine couche de chocolat. Laissez prendre avant d'étaler une seconde couche mince. Lorsque le chocolat s'est figé, décollez délicatement la feuille. Le mélange de deux chocolats, noir et blanc par exemple, donne un résultat très séduisant. Commencez par badigeonner la moitié supérieure de la feuille avec l'un des chocolats et laissez prendre avant de badigeonner la moitié inférieure avec l'autre chocolat. Laissez se figer, puis décollez la feuille, toujours avec précaution.

Décors pleins Confectionnez une poche avec du papier sulfurisé (voir *L'équipement*, p. 10). Dessinez un motif de la forme souhaitée, un triangle par exemple, sur une feuille de papier sulfurisé. Faites couler le chocolat régulièrement le long du dessin, emplissez le centre de lignes ondulées et laissez prendre, puis enlevez le papier.

Papillons en chocolat Dessinez la silhouette d'un papillon sur du papier sulfurisé. Pliez le papier au milieu du corps du papillon pour que se forme la marque d'un pli, puis remettez le papier à plat. Versez le chocolat le long de la silhouette et remplissez les ailes de lignes en zigzag assez écartées. Repliez le papier avec précaution de façon à ce que les ailes forment un angle droit, posez-le dans le coin d'un grand moule, ou appuyé sur un autre support, en veillant à ce qu'il soit stable. Laissez prendre et décollez le papier avec précaution.

Chocolat « plastique » Pour confectionner cette pâte, très utile pour les couvertures de gâteaux et pour la création de décorations plus lourdes comme les rubans, placez 200 g de chocolat dans un bol et ajoutez 3 cuillerées à soupe de sirop de glucose. Posez le bol au-dessus d'une casserole d'eau frémissante. Remuez jusqu'à ce que le chocolat soit tout juste fondu, puis ôtez le bol de la casserole. Battez jusqu'à ce que le mélange soit lisse et laissez-le refroidir. Quand il est assez froid pour être manipulé, pétrissez-le sur une surface propre pour obtenir une pâte lisse. Si cette pâte durcit, enveloppez-la de film alimentaire et faites-la réchauffer au four à micro-ondes à faible température pendant quelques secondes.

Décors au caramel et pralinés

Caramel Versez 75 g de sucre cristallisé et environ 3 cuillerées à soupe d'eau froide dans une casserole à fond épais. À feu doux, remuez jusqu'à ce que le sucre soit complètement dissous. Si du sucre reste accroché à la casserole, décollez-le avec une brosse humide. Portez le mélange à ébullition et laissez-le cuire sans remuer jusqu'à ce qu'il prenne une belle teinte dorée. Inclinez la casserole avec précaution de temps à autre pour permettre au sucre de se colorer uniformément. Dès que la coloration est satisfaisante, enlevez la casserole du feu et plongez-en le fond dans l'eau froide pour arrêter la cuisson.

Praliné Pour confectionner un praliné, procédez de la même façon que pour le caramel, mais ne plongez pas le fond de la casserole dans l'eau en fin de cuisson. Ajoutez des amandes dans le caramel, ne

remuez pas, mais versez immédiatement la préparation sur une plaque à pâtisserie huilée. Laissez prendre à température ambiante. Une fois refroidi, le praliné peut être coupé ou cassé en morceaux selon les besoins. S'il en reste, gardez-le dans un récipient hermétique. Il peut ainsi se conserver plusieurs mois.

Noix enrobées de caramel Faites un caramel, enlevez la casserole du feu et plongez-la dans l'eau froide comme indiqué précédemment. À l'aide de deux brochettes ou de deux fourchettes, plongez les noix (noisettes, amandes…) une à une dans le caramel chaud, sortez-les et laissez égoutter le surplus de caramel, puis posez-les sur une plaque à pâtisserie recouverte de papier sulfurisé jusqu'à ce qu'elles soient prises. Si le caramel devient trop collant ou si des filaments de sucre commencent à se former, réchauffez doucement pour qu'il soit de nouveau liquide.

Décors en caramel Faites un caramel, en plongeant le fond de la casserole dans l'eau froide. Avec une cuiller à café, composez des filets ou des coulures plus épaisses sur une plaque à pâtisserie huilée. Laissez-les prendre avant de les enlever de la plaque. Ne mettez pas au réfrigérateur des décors en caramel car ils se ramolliraient.

Filets de caramel Procédez comme pour les décors en caramel, mais utilisez la cuiller à café pour composer de fins filaments en motif irrégulier sur une plaque à pâtisserie huilée. Quand ils ont pris, cassez-les en morceaux pour créer la décoration. Ne mettez pas au réfrigérateur.

Cookies aux pépites de chocolat

1 Préchauffez le four à 180 °C (th. 5) 10 minutes à l'avance. Beurrez légèrement 3 ou 4 plaques à pâtisserie avec 15 g de beurre. Mélangez au robot le beurre restant, le sucre brun et le sucre en poudre jusqu'à obtenir une pâte lisse. Ajoutez l'œuf et l'extrait de vanille et mélangez à nouveau quelques secondes. (On peut aussi battre le beurre et le sucre en pommade dans un saladier avant d'incorporer l'œuf et l'extrait de vanille.)

2 Si vous utilisez un robot, transférez le mélange dans un saladier avec une spatule. Tamisez la farine et le bicarbonate de soude, puis incorporez au mélange mousseux. Quand cette préparation est bien homogène, ajoutez les pépites de chocolat tout en remuant.

3 Avec une cuiller à café, formez des petits tas sur les plaques à pâtisserie en les espaçant bien. Mettez au four 10 à 12 minutes jusqu'à ce que les cookies soient légèrement dorés.

4 Laissez tiédir quelques secondes. À l'aide d'une spatule, transférez sur une grille métallique et laissez refroidir complètement. Les cookies sont meilleurs le jour même, mais ils se conservent bien dans une boîte hermétique pendant plusieurs jours.

INGRÉDIENTS
Pour une trentaine de cookies

140 g de beurre
50 g de sucre en poudre
60 g de sucre brun
1 œuf moyen battu
1/2 cuil. à café d'extrait de vanille
125 g de farine
1/2 cuil. à café de bicarbonate de soude
150 g de pépites de chocolat noir ou au lait

Le bon truc

Pour obtenir des gâteaux croustillants et légers, ne travaillez pas trop la pâte. Maniez-la le moins possible et incorporez les ingrédients en formant un 8 avec une cuiller ou une spatule en caoutchouc.

On peut varier cette recette de base en utilisant des pépites de chocolat et des morceaux de noix en proportion égale ou en remplaçant les pépites de chocolat par une quantité équivalente en noix, noisettes ou amandes concassées.

Cookies au chocolat et aux noix

1 Préchauffez le four à 180 °C (th. 5) 10 minutes à l'avance. Beurrez légèrement plusieurs plaques à pâtisseries. Garnissez-les de papier sulfurisé. Choisissez un grand récipient pour battre les blancs d'œuf au batteur électrique. Battez jusqu'à ce qu'ils soient bien mousseux.

2 Ajoutez le sucre, le cacao en poudre, la farine et le café instantané, et battez à nouveau pour obtenir un mélange homogène. Ajoutez une cuillerée à soupe d'eau et continuez de battre sur la vitesse maximale jusqu'à ce que la pâte soit épaisse. Incorporez les noix pilées.

3 Avec une cuiller, disposez la pâte sur les plaques en laissant suffisamment d'espace entre chaque boule, cette pâte ayant tendance à s'étaler pendant la cuisson.

4 Mettez au four 12 à 15 minutes jusqu'à ce que les cookies soient dorés et commencent à se craqueler. Laissez tiédir 30 secondes, puis, à l'aide d'une spatule, placez-les sur une grille métallique et laissez refroidir. Conservez dans une boîte hermétique.

INGRÉDIENTS
Pour 18 cookies

15 g de beurre
4 blancs d'œufs moyens
350 g de sucre glace
75 g de cacao en poudre
2 cuil. à soupe de farine
1 cuil. à café de café en poudre instantané
125 g de noix finement hachées

Un peu d'info

Le chocolat est obtenu à partir des fèves du cacaoyer. Introduit en Europe au XVIe siècle, il existe aujourd'hui sous différentes formes allant du cacao en poudre au chocolat de couverture, le plus adapté à la transformation puisqu'il contient un fort pourcentage de beurre de cacao et qu'il fond lentement.

Une question de goût

Les noix forment l'accord parfait avec ces biscuits, mais on peut les remplacer par des noisettes ou par un mélange de noix, noisettes et amandes qui se marient aussi très bien avec le chocolat et le café.

Cookies au chocolat blanc

1 Préchauffez le four à 180 °C (th. 5) 10 minutes à l'avance. Graissez légèrement plusieurs plaques à pâtisserie avec 15 g de beurre. Mettez le beurre restant avec le sucre en poudre et le sucre brun dans un grand saladier. Battez avec une cuiller en bois ou au batteur électrique jusqu'à ce que le mélange soit lisse et mousseux.

2 Battez les œufs et incorporez-les progressivement à la préparation. Tamisez ensemble la farine et le bicarbonate de soude, puis incorporez délicatement au mélange en ajoutant quelques gouttes d'extrait de vanille.

3 Cassez et coupez grossièrement en morceaux le chocolat et les noisettes, ajoutez-les dans le saladier et mélangez doucement le tout.

4 À l'aide d'une cuiller à café, disposez des petits tas de pâte en laissant suffisamment d'espace entre chacun, car la pâte va beaucoup s'étaler à la cuisson.

5 Passez au four 10 minutes jusqu'à ce que les cookies soient dorés, puis sortez du four et laissez tiédir 1 minute. À l'aide d'une spatule, posez-les délicatement sur une grille métallique et laissez refroidir. Les cookies sont meilleurs le jour même, mais vous pouvez les conserver dans une boîte hermétique.

INGRÉDIENTS
Pour 24 cookies

140 g de beurre
40 g de sucre en poudre
60 g de sucre brun
1 œuf moyen
125 g de farine
1/2 cuil. à café de bicarbonate de soude
quelques gouttes d'extrait de vanille
150 g de chocolat blanc
50 g de noisettes entières décortiquées

Le bon truc

Le chocolat blanc se trouve sous forme de pépites ou en tablettes. Dans la mesure où il ne contient pas de matière sèche, choisissez-en un à forte teneur en beurre de cacao qui donne au chocolat sa délicieuse texture crémeuse.

Barres de chocolat aux noisettes

1 Préchauffez le four à 180 °C (th. 5) 10 minutes à l'avance. Graissez légèrement un moule carré de 18 cm de côté, puis tapissez le fond de papier sulfurisé. Rincez abondamment les cerises confites, essuyez-les avec un essuie-tout absorbant, et réservez.

2 Placez les noisettes sur la plaque du four et faites griller 10 minutes jusqu'à ce qu'elles prennent une belle couleur dorée. Laissez tiédir, puis hachez grossièrement et réservez.

3 Cassez le chocolat en petits morceaux. Mettez-le avec le beurre et le sel dans la partie supérieure du bain-marie ou dans un récipient placé au-dessus d'une casserole d'eau frémissante.

Chauffez tout en remuant jusqu'à obtenir une pâte lisse. On peut aussi faire fondre le chocolat au micro-ondes.

4 Coupez les biscuits en morceaux d'environ 1/2 cm, et les cerises en deux. Incorporez le tout au chocolat fondu avec les noisettes et mélangez bien. Avec une cuiller, garnissez tout le moule de cette préparation et lissez le dessus.

5 Laissez refroidir 30 minutes au réfrigérateur. Démoulez, puis ôtez le papier sulfurisé et coupez en 14 barres. Couvrez et conservez au réfrigérateur jusqu'au moment de les déguster. Avant de servir, vous pouvez saupoudrer les barres de sucre glace, selon votre goût. Conservez-les couvertes au réfrigérateur.

INGRÉDIENTS
Pour 14 barres

25 g de cerises confites
60 g de noisettes décortiquées
150 g de chocolat noir
150 g de beurre doux
1/4 cuil. à café de sel
150 g de biscuits sablés
1 cuil. à soupe de sucre glace tamisé (facultatif)

Une question de goût

Pour cette recette, choisissez plutôt un chocolat à croquer contenant environ 50 % de matière sèche. Le chocolat noir de dégustation apporterait trop d'amertume.

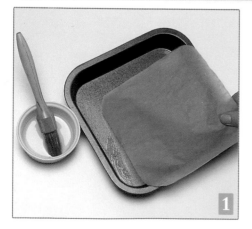

Sablés au chocolat

1 Préchauffez le four à 170 °C (th. 4) 10 minutes à l'avance. Graissez légèrement plusieurs plaques à pâtisserie, puis garnissez-les de papier sulfurisé. Mettez le beurre, le sucre glace, et l'extrait de vanille dans le bol du robot et mélangez rapidement jusqu'à obtenir une pâte lisse. On peut aussi battre le beurre, le sucre glace et l'extrait de vanille en pommade dans un grand saladier, avec une cuiller en bois.

2 Tamisez ensemble la farine, le cacao en poudre et le sel, puis mélangez au robot avec la préparation précédente jusqu'à ce que la pâte se forme (ou versez dans le saladier et pétrissez à la main jusqu'à ce que la pâte soit lisse et homogène).

3 Posez la pâte sur une planche en bois garnie de film alimentaire.

Recouvrez également la pâte de film alimentaire et étalez sur 1 cm d'épaisseur. Placez la planche au réfrigérateur et laissez refroidir 1 h 30 à 2 heures.

4 Ôtez le film alimentaire qui recouvre la pâte et découpez 30 à 32 biscuits avec un emporte-pièce de 5 cm de diamètre. Placez les biscuits sur les plaques à pâtisserie et passez au four une quinzaine de minutes, jusqu'à ce qu'ils soient fermes.

5 Laissez tiédir 1 minute, puis, avec une spatule, décollez délicatement les biscuits du papier sulfurisé et posez-les sur une grille métallique jusqu'à refroidissement complet. Saupoudrez les sablés de sucre glace tamisé avant de servir. Ces biscuits se conservent plusieurs jours dans une boîte hermétique.

INGRÉDIENTS
Pour une trentaine de sablés

225 g de beurre doux, ramolli
150 g de sucre glace
1 cuil. à café d'extrait de vanille
250 g de farine
25 g de cacao en poudre
1/4 de cuil. à soupe de sel
un peu de sucre glace pour
  la décoration

Un peu d'info

En utilisant du sucre glace plutôt que du sucre en poudre, on obtient des biscuits beaucoup plus friables. En revanche, veillez à ne pas remplacer le beurre par de la margarine, sous peine de vous priver de la texture si typique du sablé.

Bouchées au chocolat

1 Préchauffez le four à 180 °C (th. 5) 10 minutes à l'avance. Graissez légèrement plusieurs plaques à pâtisserie et recouvrez avec du papier sulfurisé. Faites fondre le chocolat dans un récipient résistant à la chaleur, placé au-dessus d'une casserole d'eau frémissante. (Vous pouvez aussi le faire fondre au micro-ondes.) Remuez jusqu'à ce que le chocolat soit lisse, puis laissez refroidir un peu.

2 Mettez les amandes pilées dans le robot avec le sucre, l'extrait d'amande, le cacao en poudre et un blanc d'œuf. Ajoutez le chocolat fondu et une partie de l'autre blanc d'œuf puis mélangez jusqu'à obtenir une pâte lisse. (On peut aussi verser dans un grand saladier les amandes pilées, le sucre, l'extrait d'amande et le cacao en poudre et former un puits

dans lequel on verse le chocolat fondu et du blanc d'œuf en quantité suffisante, avant de mélanger pour obtenir une pâte lisse et qui ne colle pas.)

3 Formez des petites boules de pâte de la taille d'une grosse noix et placez-les sur les plaques. Aplatissez légèrement et humidifiez au pinceau. Saupoudrez de sucre glace et mettez au four 10 à 12 minutes jusqu'à ce que la pâte soit ferme.

4 À l'aide d'une spatule, décollez délicatement les bouchées du papier sulfurisé et laissez refroidir sur une grille métallique. Elles sont meilleures savourées immédiatement, mais on peut aussi les conserver plusieurs jours dans un récipient hermétique.

INGRÉDIENTS
Pour 20 bouchées

650 g de chocolat noir
125 g d'amandes pilées
125 g de sucre en poudre
1/4 cuil. à café d'extrait
   d'amande
1 cuil. à soupe de cacao en poudre
2 blancs d'œufs moyens
1 cuil. à soupe de sucre glace

Le bon truc

On peut aussi faire cuire les bouchées sur du papier de riz. Ce papier comestible est en vente au rayon pâtisserie des supermarchés.
Garnissez la plaque à pâtisserie de papier de riz et déposez la pâte directement dessus. Passez au four, puis vous pourrez détacher les bouchées facilement car le papier qui se sera collé viendra avec.

Florentins au chocolat et au gingembre

1 Préchauffez le four à 180 °C (th. 5) 10 minutes à l'avance. Graissez légèrement plusieurs plaques à pâtisserie. Mélangez le beurre, la crème et le sucre dans une casserole, et portez doucement à ébullition. Retirez du feu et ajoutez les amandes pilées, les amandes effilées et le gingembre confit.

2 Laissez refroidir un peu avant d'ajouter la farine et le sel. Mélangez le tout, puis, à la cuiller, déposez de petits tas de cette pâte sur les plaques. Laissez assez d'espace entre chacun car la pâte va s'étaler à la cuisson. Aplatissez légèrement avec le dos d'une cuiller humide.

3 Mettez au four 10 à 12 minutes jusqu'à ce que les bords deviennent bruns. Laissez tiédir. Avec une spatule, déposez les florentins sur une grille métallique et laissez refroidir.

4 Faites fondre le chocolat dans un récipient résistant à la chaleur, placé au-dessus d'une casserole d'eau frémissante. On peut aussi faire fondre le chocolat au micro-ondes jusqu'à ce qu'il soit liquide et lisse. Étalez en couche épaisse sur le dessus des florentins. À l'aide d'une fourchette, dessinez des vagues dans le chocolat et laissez durcir.

INGRÉDIENTS
Pour 14 à 16 florentins

40 g de beurre
5 cuil. à soupe de crème fraîche
50 g de sucre en poudre
60 g d'amandes pilées
25 g d'amandes effilées
40 g de gingembre confit en petits morceaux
25 g de farine
1 pincée de sel
150 g de chocolat noir

Le bon truc

Ces biscuits ont tendance à beaucoup s'étaler dans le four. Pour obtenir des biscuits de la même taille, essayez de les découper avec un emporte-pièce de 7 ou 8 cm dès qu'ils sortent du four, quand ils sont encore chauds et malléables. Comptez seulement 3 ou 4 florentins par plaque pour pouvoir les détacher facilement de la plaque après la cuisson.

Laissez tiédir environ 1 minute, puis, avec un couteau à lame arrondie, décollez doucement le bord de chaque florentin. Ils seront plus faciles à transférer sur la grille à refroidir.

Biscuits à l'italienne

1 Préchauffez le four à 190 °C (th. 6) 10 minutes à l'avance. Graissez légèrement 3 ou 4 plaques à pâtisserie et réservez. Battez le beurre et le sucre en pommade dans un saladier, puis ajoutez l'extrait de vanille. Lorsque le mélange est léger et mousseux, battez les œufs avec la cannelle, le zeste de citron et la poudre d'amandes. Ajoutez la farine pour obtenir une pâte ferme.

2 Pétrissez jusqu'à obtenir une pâte lisse et sans craquelures. Découpez des blocs rectangulaires d'environ 4 cm de largeur. Enveloppez-les de papier sulfurisé et faites refroidir deux heures minimum au réfrigérateur.

3 Découpez cette pâte réfrigérée en tranches de 5 mm. Disposez-les sur les plaques et mettez au four 12 à 15 minutes jusqu'à ce que la pâte soit ferme. Sortez du four, couvrez et laissez refroidir sur une grille métallique.

4 Lorsque la pâte a complètement refroidi, faites fondre le chocolat dans un récipient résistant à la chaleur placé au-dessus d'une casserole d'eau frémissante. (On peut aussi faire fondre le chocolat au micro-ondes.) Versez le chocolat fondu dans une poche en papier sulfurisé et décorez les biscuits. Laissez durcir sur une feuille de papier sulfurisé avant de servir.

INGRÉDIENTS
Pour 26 à 28 biscuits

150 g de beurre
200 g de sucre en poudre
1/4 cuil. à café d'extrait de vanille
1 petit œuf battu
1/4 cuil. à café de cannelle en poudre
le zeste de 1 citron râpé
15 g de poudre d'amandes
150 g de farine
150 g de chocolat noir

Le bon truc

Veillez à bien choisir de l'extrait de vanille et non un arôme vanillé artificiel qui est un piètre substitut.
Vous pouvez remplacer l'extrait par du sucre vanillé, facile à faire soi-même. Mettez une gousse de vanille dans un bocal que vous remplissez de sucre en poudre. Fermez et laissez reposer au frais et à l'abri de la lumière, deux ou trois semaines avant utilisation.

Un peu d'info

En Italie, ces délicieux biscuits croustillants sont très appréciés. Ils sont généralement servis accompagnés d'un vin doux sucré appelé Vin Santo.

Biscuits glacés au chocolat et aux noix de pécan

1 Préchauffez le four à 190 °C (th. 5) 10 minutes à l'avance. Graissez légèrement plusieurs plaques à pâtisserie avec 15 g de beurre. Dans un grand saladier, battez le beurre, le sucre brun et le sucre cristallisé en pommade jusqu'à ce que le mélange soit léger et mousseux en incorporant l'œuf progressivement.

2 Tamisez ensemble la farine, le bicarbonate de soude et le cacao en poudre, puis incorporez petit à petit les noix de pécan hachées. Mélangez jusqu'à obtenir une pâte lisse mais ferme.

3 Placez la pâte sur une surface légèrement farinée ou sur une planche à pâtisserie. Formez des boudins d'environ 5 cm de diamètre. Enveloppez-les dans du film alimentaire et laissez refroidir 12 heures minimum au réfrigérateur, et si possible toute une nuit.

4 Coupez la pâte en tranches fines que vous déposez sur les plaques à pâtisserie. Passez au four 8 à 10 minutes jusqu'à qu'elles soient fermes. Sortez du four et laissez tiédir. Avec une spatule, mettez-les à refroidir sur une grille métallique. Conservez dans une boîte hermétique.

INGRÉDIENTS
Pour 18 biscuits

165 g de beurre demi-sel
150 g de sucre brun
25 g de sucre cristallisé
1 œuf moyen, battu
200 g de farine
1/2 cuil. à café de bicarbonate de soude
25 g de cacao en poudre
125 g de noix de pécan, finement hachées.

Le bon truc

Vous pouvez vous organiser à l'avance, car bien enveloppée, cette pâte peut se conserver 4 à 5 jours dans le réfrigérateur. Il vous suffira alors de trancher et de passer au four le nombre de biscuits souhaités.

Quand vous beurrez ou huilez les plaques, modérez la quantité de beurre ou d'huile employée, surtout si vous utilisez du papier sulfurisé. En effet, dans le cas de mélanges déjà très riches en matière grasse, il est presque inutile de graisser les plaques, sous peine de voir les biscuits s'étaler inconsidérément.

Sablés au chocolat et aux noisettes

1 Préchauffez le four à 180 °C (th. 5) 10 minutes à l'avance. Graissez et farinez deux ou trois plaques à pâtisserie. Hachez 25 g de noisettes et réservez. Mélangez au robot le reste des noisettes avec le sucre en poudre pour obtenir une poudre fine. Ajoutez le beurre et mélangez à nouveau. Le mélange doit être blanc et crémeux.

2 Ajoutez le sel, le cacao en poudre et la crème et mélangez vigoureusement. Versez cette préparation dans un saladier et, à l'aide d'une spatule, incorporez les blancs d'œufs. Tamisez la farine avant de l'ajouter à la préparation puis versez le rhum. Mélangez de nouveau.

3 Avec une cuiller, formez de petits tas que vous déposez sur les plaques. Saupoudrez avec les noisettes hachées que vous avez réservées. Mettez au four 5 à 7 minutes jusqu'à ce que la pâte soit ferme. Sortez les sablés du four et laissez tiédir 1 ou 2 minutes. Avec une spatule, faites-les glisser sur une grille métallique et laissez refroidir.

4 Quand les biscuits sont froids, faites fondre le chocolat dans un récipient résistant à la chaleur placé au-dessus d'une casserole d'eau frémissante. Remuez jusqu'à ce qu'il soit bien lisse et décorez chaque biscuit d'un filet de chocolat fondu. Laissez durcir sur une grille métallique avant de servir.

INGRÉDIENTS
Pour 12 sablés

75 g de noisettes blanchies
100 g de sucre glace
50 g de beurre doux
1 pincée de sel
5 cuil. à café de cacao en poudre
3 cuil. à soupe de crème fraîche épaisse
2 gros blancs d'œufs
40 g de farine
2 cuil. à soupe de rhum
75 g de chocolat blanc

Le bon truc

Ne hachez pas les noisettes trop longtemps au robot, sinon elles seront trop grasses. Pour blanchir les noisettes et tous les fruits de la famille des noix, il suffit de les placer sur une plaque à pâtisserie et de les laisser à four chaud une dizaine de minutes. Sortez et frottez-les dans un torchon propre pour enlever leur enveloppe brune. N'en frottez pas trop à la fois, car elles risquent de s'échapper du torchon.

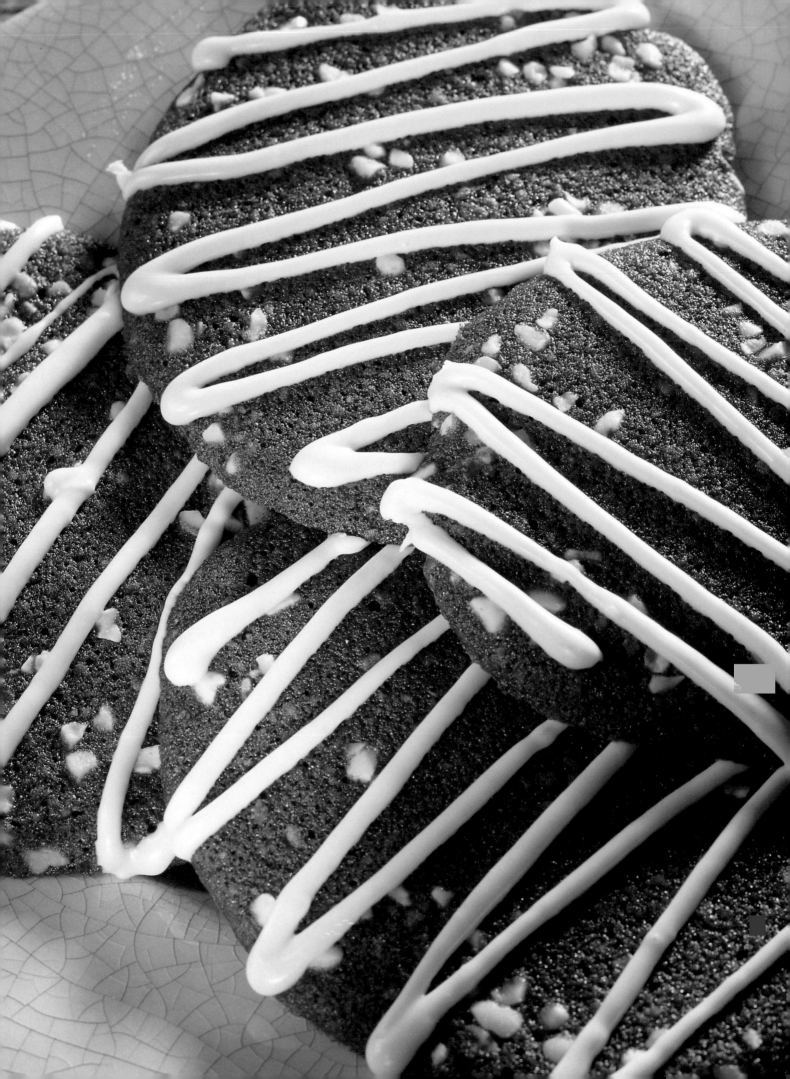

Biscuits au chocolat et aux amandes

1 Préchauffez le four à 200 °C (th. 6) 15 minutes à l'avance. Graissez légèrement plusieurs plaques à pâtisserie. Battez le beurre avec le sucre glace jusqu'à ce que le mélange soit léger et mousseux, puis incorporez progressivement l'œuf en battant énergiquement. Ajoutez ensuite le lait et le zeste de citron.

2 Tamisez la farine, puis ajoutez-la au mélange avec les amandes et remuez pour obtenir une pâte lisse et souple. Enveloppez de film alimentaire et mettez au réfrigérateur pendant 2 heures.

3 Étalez la pâte sur un plan de travail légèrement fariné pour obtenir un grand ovale d'environ 5 mm d'épaisseur. Coupez-le en

bandes d'environ 6,5 cm de long et 4 cm de large et placez celles-ci sur les plaques à pâtisserie.

4 Mettez 15 minutes au four, jusqu'à ce que les biscuits soient dorés, puis sortez-les du four et laissez refroidir quelques minutes. Transférez sur une grille métallique jusqu'à complet refroidissement.

5 Faites fondre le chocolat dans un récipient résistant à la chaleur, placé au-dessus d'une casserole d'eau frémissante. (Vous pouvez aussi le faire fondre au four à micro-ondes, jusqu'à ce qu'il soit onctueux.) Étalez le chocolat en couche épaisse sur les biscuits, répartissez dessus les amandes effilées grillées et laissez prendre avant de servir.

INGRÉDIENTS
Pour 18 à 20 biscuits

140 g de beurre
60 g de sucre glace
1 œuf moyen battu
1 cuil. à soupe de lait
le zeste râpé de 1 citron
250 g de farine
100 g d'amandes émondées,
  coupées en morceaux
75 g d'amandes effilées grillées
125 g de chocolat noir

Une question de goût

Vous pouvez remplacer les amandes effilées par de fines lamelles d'amandes que vous fabriquerez vous-même. Il suffit de couper des amandes émondées entières en tranches très minces ou selon votre convenance.

1

2

5

Barres chocolatées aux figues

1 Préchauffez le four à 180 °C (th. 5) 10 minutes à l'avance. Graissez légèrement un moule à manqué carré de 18 x 18 cm. Placez le beurre et la farine dans un saladier et mélangez du bout des doigts jusqu'à obtenir une texture proche de la semoule.

2 Incorporez le sucre et malaxez à la main. Pétrissez pour obtenir une pâte souple. Versez-la dans le moule et tassez. Piquez légèrement avec une fourchette et mettez au four 20 à 30 minutes, jusqu'à ce que la pâte soit dorée. Sortez du four et laissez le sablé dans le moule jusqu'à ce qu'il ait complètement refroidi.

3 Pendant ce temps, placez les figues sèches, le jus de citron,

125 ml d'eau et la cannelle en poudre dans une casserole et portez à ébullition. Couvrez et laissez frémir pendant 20 minutes, jusqu'à ce que les figues soient tendres, en remuant de temps à autre. Laissez tiédir, puis passez au robot jusqu'à obtenir une purée lisse. Laissez-la finir de refroidir et étalez sur le sablé.

4 Faites fondre le chocolat dans un récipient résistant à la chaleur, placé au-dessus d'une casserole d'eau frémissante. (Vous pouvez aussi le faire fondre au four à micro-ondes.) Mélangez bien le chocolat jusqu'à ce qu'il soit lisse, puis étalez-le soigneusement au-dessus du nappage de figues. Lorsque le nappage est ferme, coupez en 12 barres et servez.

INGRÉDIENTS
Pour 12 barres

125 g de beurre
150 g de farine
50 g de sucre roux
225 g de figues sèches coupées
   en deux
le jus de 1/2 gros citron
1 cuil. à café de cannelle en poudre
125 g de chocolat noir

Le bon truc

Si vos figues sont très sèches, faites-les tremper pendant 20 minutes dans de l'eau bouillante, jusqu'à ce qu'elles aient repris du moelleux. Égouttez-les et suivez la recette ci-dessus.

Barres de céréales au chocolat

1 Préchauffez le four à 180 °C (th. 6) 10 minutes à l'avance. Graissez légèrement un moule à bûche de 33 x 23 cm et garnissez-le de papier sulfurisé. Placez dans un saladier la farine, les flocons d'avoine, le sucre de canne, le bicarbonate de soude, le sel et mélangez soigneusement le tout.

2 Faites fondre ensemble le beurre et le caramel liquide dans une casserole à fond épais et mélangez jusqu'à obtenir une pâte lisse. Ajoutez-la aux flocons d'avoine et mélangez soigneusement. Versez ce mélange dans le moule, tassez fermement et lissez le dessus.

3 Mettez au four 15 à 20 minutes, jusqu'à ce que le biscuit soit doré. Puis sortez-le du four et laissez refroidir dans le moule. Lorsque le biscuit a refroidi, démoulez-le et enlevez le papier sulfurisé.

4 Faites fondre le chocolat dans un récipient résistant à la chaleur placé au-dessus d'une casserole d'eau frémissante. (Ou bien faites-le fondre au four à micro-ondes.) Lorsque le chocolat a fondu, incorporez la crème fraîche et battez vigoureusement, puis versez sur le biscuit. Lorsqu'il a presque pris, dessinez des motifs sur le chocolat avec une fourchette.

5 Mettez le biscuit au réfrigérateur au moins 30 minutes avant de le découper en portions rectangulaires. Servez quand le chocolat a durci. Vous pouvez les conserver quelques jours dans un récipient hermétique.

INGRÉDIENTS
Pour 24 barres

215 g de farine
150 g de flocons d'avoine
225 g de sucre roux
1 cuil. à café de bicarbonate de soude
1 pincée de sel
150 g de beurre
2 cuil. à soupe de caramel liquide
250 g de chocolat noir
5 cuil. à soupe de crème fraîche épaisse

Le bon truc

Graissez légèrement l'ustensile gradué (verre, cuiller) que vous utiliserez pour le caramel liquide qui glissera plus facilement. (Ou bien faites légèrement chauffer le caramel avant de le mesurer.)

Moelleux aux fruits confits

1 Préchauffez le four à 150 °C (th. 3) 10 minutes à l'avance. Graissez légèrement 2 plaques à pâtisserie. Tamisez la farine dans un saladier, coupez en petits morceaux 75 g de beurre et la matière grasse végétale, ajoutez-les à la farine, puis malaxez du bout des doigts pour obtenir la consistance d'une semoule.

2 Incorporez le sucre cristallisé, la farine de maïs tamisée et 4 cuillerées à soupe de cacao en poudre et mélangez à la main jusqu'à obtenir une pâte souple et malléable.

3 Placez la pâte sur un plan de travail légèrement fariné et formez 12 petites boules. Disposez-les sur les plaques à pâtisserie, séparées d'au moins 2,5 cm, puis appuyez le pouce sur chacune pour créer un creux.

4 Mettez au four 20 à 25 minutes, jusqu'à un léger brunissement. Sortez du four et laissez tiédir 1 à 2 minutes. Transférez sur une grille métallique jusqu'à refroidissement complet.

5 Tamisez le sucre glace et le reste de cacao en poudre dans un saladier. Ajoutez le reste de beurre ramolli et 1 à 2 cuillerées à soupe d'eau chaude. Mélangez pour obtenir un glaçage souple et fluide. Versez une volute de ce glaçage sur chaque biscuit et posez dessus une demi-cerise. Laissez refroidir avant de servir.

INGRÉDIENTS
Pour 12 moelleux

- 125 g de farine avec levure incorporée
- 125 de beurre ramolli
- 25 g de Végétaline® (matière grasse végétale)
- 50 g de sucre cristallisé
- 25 g de farine de maïs tamisée
- 5 cuil. à soupe de cacao en poudre tamisé
- 125 g de sucre glace
- 6 cerises confites de diverses couleurs, rincées, séchées et coupées en deux

Le bon truc

Après la cuisson, retirez immédiatement les biscuits des plaques pour éviter qu'ils ne continuent à cuire.
Laissez-les refroidir complètement sur une grille métallique avant de les ranger dans un récipient hermétique.

Un peu d'info

Le mélange de beurre et de matière grasse végétale donne à ces biscuits une texture plus moelleuse que l'utilisation de beurre seul.

Damiers au chocolat

1 Préchauffez le four à 190 °C (th. 5) 10 minutes à l'avance. Graissez légèrement 3 ou 4 plaques à pâtisserie. Placez le beurre et le sucre glace dans un saladier et battez-les jusqu'à ce que le mélange soit léger et mousseux.

2 Ajoutez le sel, puis petit à petit la farine, en battant vigoureusement. Mélangez jusqu'à obtenir une pâte ferme. Coupez cette pâte en deux et malaxez le cacao en poudre dans l'une des deux moitiés. Enveloppez séparément les deux parts de pâte dans du film alimentaire et laissez-les 2 heures au réfrigérateur.

3 Divisez chaque morceau de pâte en trois parts. Étalez chaque portion de pâte et formez-en un long rouleau. Disposez ces rouleaux les uns sur les autres pour composer un motif en damier et fixez-les avec du blanc d'œuf. Enveloppez de film alimentaire et mettez au réfrigérateur 1 heure.

4 Coupez la pâte en tranches d'environ 1 cm d'épaisseur, disposez-les sur les plaques à pâtisserie et mettez au four 10 à 15 minutes. Sortez du four et laissez refroidir. Transférez sur une grille métallique et attendez le refroidissement complet avant de servir.

INGRÉDIENTS
Pour 12 damiers

150 g de beurre
75 g de sucre glace
1 pincée de sel
200 g de farine
25 de cacao en poudre
1 blanc d'œuf de petit calibre

Le bon truc

Lors de la cuisson des biscuits, utilisez une spatule fine pour transférer les biscuits coupés, du plan de travail aux plaques à pâtisserie. Utilisez des plaques résistantes, qui ne se déforment pas à la chaleur. Les plaques anti-adhésives au silicone qui existent actuellement sont idéales pour la cuisson des biscuits. Suivez les instructions du fabricant pour les graisser.
Vous pouvez conserver ces damiers dans une boîte hermétique.

Un peu d'info

Les recettes de biscuits sucrés et de pâtisseries comportent souvent une pincée de sel, qui fait ressortir la saveur sucrée sans donner une sensation de salé.

Biscuits aux amandes et à la noix de coco

1 Préchauffez le four à 150 °C (th. 3) 10 minutes à l'avance. Garnissez plusieurs plaques à pâtisserie de papier de riz. Versez les blancs d'œufs dans un saladier propre, ne comportant aucune trace de graisse, et battez-les jusqu'à ce qu'ils soient parfaitement fermes. Tamisez le sucre glace, puis incorporez avec délicatesse la moitié du sucre aux blancs d'œufs battus ainsi que la poudre d'amandes. Ajoutez la noix de coco, le reste de sucre glace et le zeste de citron râpé. Mélangez jusqu'à obtenir une pâte épaisse et collante.

2 Placez le mélange dans une poche à douille et exprimez-le en petits tas de la taille d'une noix sur le papier de riz. Saupoudrez d'un peu de sucre glace. Mettez au four 20 à 25 minutes, jusqu'à ce que les biscuits soient dorés extérieurement. Sortez du four et laissez tiédir. Avec une spatule, transférez délicatement sur une grille métallique et laissez refroidir.

3 Cassez le chocolat au lait et le chocolat blanc en morceaux et placez-les dans deux saladiers séparés. Faites fondre les chocolats au-dessus de casseroles d'eau frémissante. (Vous pouvez aussi les faire fondre au four à micro-ondes.) Mélangez jusqu'à ce qu'ils soient lisses et sans grumeaux. Plongez un côté de chaque biscuit dans le chocolat au lait et laissez sécher sur du papier sulfurisé. Lorsqu'il a durci, plongez l'autre côté dans le chocolat blanc. Laissez prendre et servez le plus tôt possible.

INGRÉDIENTS
Pour 26 à 30 biscuits

5 blancs d'œufs moyens
250 g de sucre glace
   + un peu pour le saupoudrage
225 g de poudre d'amandes
200 g de noix de coco en poudre
le zeste râpé de 1 citron
125 g de chocolat au lait
125 g de chocolat blanc

Le bon truc

Vous pouvez, si vous le souhaitez, utiliser une cuiller pour déposer les noix de pâte sur le papier de riz. Néanmoins la poche à douille vous garantit des biscuits de taille plus régulière.

Cœurs chocolat-miel

1 Préchauffez le four à 220 °C (th. 7) 15 minutes à l'avance. Graissez légèrement 2 plaques à pâtisserie. Faites chauffer le sucre, le beurre et le miel dans une petite casserole jusqu'à ce que l'ensemble ait fondu et forme un mélange lisse.

2 Enlevez la casserole du feu et remuez la pâte pour la refroidir légèrement, puis ajoutez l'œuf battu et le sel et battez énergiquement. Incorporez les écorces ou le gingembre confit, la cannelle en poudre, la pincée de clou de girofle et la levure chimique. Mélangez bien jusqu'à obtenir une pâte. Enveloppez de film alimentaire et mettez au réfrigérateur 45 minutes.

3 Placez la pâte sur un plan de travail légèrement fariné, étalez-la sur 5 mm d'épaisseur et découpez 5 petits cœurs à l'emporte-pièce. Placez-les sur les plaques à pâtisserie et mettez au four 8 à 10 minutes. Sortez du four et laissez tiédir. Transférez les cœurs avec une spatule sur une grille métallique et attendez qu'ils soient complètement froids.

4 Faites fondre le chocolat dans un récipient résistant à la chaleur placé au-dessus d'une casserole d'eau frémissante, ou au four à micro-ondes, pour obtenir une pâte lisse. Plongez une moitié de chaque cœur dans le chocolat fondu. Laissez prendre avant de servir.

INGRÉDIENTS
Pour environ 20 cœurs

- 60 g de sucre
- 15 g de beurre
- 125 de miel crémeux
- 1 petit œuf battu
- 1 pincée de sel
- 1 cuil. à soupe d'écorces d'agrumes mélangées ou de gingembre confit en morceaux
- 1/2 cuil. à café de cannelle en poudre
- 1 pincée de clous de girofle en poudre
- 225 g de farine tamisée
- 1/2 cuil. à café de levure chimique tamisée
- 75 g de chocolat au lait

Le bon truc

Pour perdre le moins de pâte possible, commencez à découper les cœurs sur les bords extérieurs de la pâte, puis continuez vers le centre. Veillez à rapprocher les découpes le plus possible.
Reformez une boule de pâte avec les chutes et étalez-la à nouveau. À ce stade, jetez le reste de pâte qui n'a plus la consistance idéale et donnerait un biscuit lourd et trop friable.

Une question de goût

Variez le parfum de vos biscuits en essayant différents types de miel. Le miel d'acacia par exemple est très doux alors que le miel de bruyère a une saveur beaucoup plus prononcée.

Biscuits au chocolat et à l'orange

1 Préchauffez le four à 200 °C (th. 6) 15 minutes à l'avance. Graissez légèrement plusieurs plaques à pâtisserie. Râpez grossièrement le chocolat et réservez.
Dans un saladier, battez le beurre avec le sucre de façon à obtenir un mélange clair et mousseux. Ajoutez le sel, l'œuf battu, la moitié du zeste d'orange et battez à nouveau.

2 Tamisez la farine et la levure chimique. Ajoutez-les dans le saladier avec le chocolat râpé et mélangez énergiquement pour obtenir une pâte homogène. Formez une boule, enveloppez-la de film alimentaire et mettez-la 2 heures au réfrigérateur.

3 Posez la pâte sur un plan de travail légèrement fariné et étalez-la sur 5 mm d'épaisseur. Découpez dedans des cercles de 5 cm de diamètre et placez-les sur les plaques en les espaçant assez pour que la pâte puisse lever. Mettez-les au four 10 à 12 minutes, jusqu'à ce qu'ils soient fermes. Sortez les biscuits du four et laissez tiédir. Transférez-les sur une grille métallique avec une spatule et laissez-les refroidir complètement.

4 Tamisez le sucre glace dans un petit saladier et incorporez une dose suffisante de jus d'orange pour obtenir un glaçage lisse et souple. Étalez le glaçage sur les biscuits, laissez prendre, puis parsemez du reste de zeste d'orange râpé avant de servir.

INGRÉDIENTS
Pour 30 biscuits

100 g de chocolat noir
125 g de beurre
125 g de sucre
1 pincée de sel
1 œuf moyen battu
le zeste râpé de 2 oranges
200 g de farine
1 cuil. à café de levure chimique
125 g de sucre glace
1 à 2 cuil. à soupe de jus d'orange

Le bon truc

Pour extraire le maximum de jus des agrumes, faites chauffer les fruits au four à micro-ondes pendant 40 secondes et laissez-les refroidir un peu avant de les presser. (Sinon, faites rouler le fruit sur une table en appuyant légèrement avant de le presser.)
Attention : versez le jus d'orange progressivement dans le glaçage, car vous n'aurez pas forcément besoin de la totalité pour obtenir la consistance désirée.

Carrés rhum-chocolat

1 Préchauffez le four à 190 °C (th. 5) 10 minutes à l'avance. Graissez légèrement plusieurs plaques à pâtisserie. Dans un saladier, battez le beurre, le sucre et le sel jusqu'à ce que le mélange soit léger et mousseux. Ajoutez les jaunes d'œufs et battez pour obtenir une pâte lisse.

2 Tamisez 175 g de farine, la farine de maïs et la levure chimique, ajoutez-les au mélange et remuez énergiquement avec une cuiller en bois jusqu'à obtenir une pâte lisse et souple.

3 Divisez la pâte en deux parts. Incorporez le cacao en poudre dans l'une des moitiés, le rhum et le reste de farine dans l'autre moitié.

Pétrissez. Placez les deux pâtes dans des saladiers séparés et recouverts de film alimentaire 1 heure au réfrigérateur.

4 Étalez les deux pâtes en rectangle mince, séparément, sur une surface généreusement farinée. Placez-les l'une sur l'autre, coupez des carrés d'environ 5 cm de côté et posez-les sur les plaques à pâtisserie, une moitié face chocolatée vers le haut, l'autre moitié vers le bas.

5 Mettez au four 10 à 12 minutes, jusqu'à ce que les carrés soient fermes. Sortez du four et laissez refroidir un peu. Transférez-les sur une grille métallique avec une spatule et laissez-les refroidir complètement avant de servir.

INGRÉDIENTS
Pour 14 à 16 carrés

125 g de beurre
100 g de sucre
1 pincée de sel
2 jaunes d'œufs moyens
225 g de farine
50 g de farine de maïs
1/2 cuil. à café de levure chimique
2 cuil. à soupe de cacao en poudre
1 cuil. à soupe de rhum

Un question de goût

Vous pouvez, si vous le souhaitez, remplacer le rhum par un arôme artificiel de rhum. Dans ce cas, une cuillerée à café suffira.

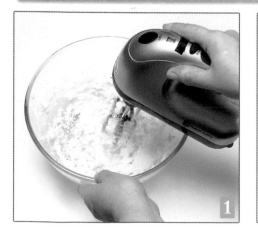

Biscuits fourrés à la crème

1 Préchauffez le four à 180 °C (th. 5) 10 minutes à l'avance. Graissez légèrement 2 plaques à pâtisserie. Dans un saladier, travaillez la margarine, le beurre et le sucre glace jusqu'à ce que le mélange soit léger et mousseux.

2 Remuez le chocolat jusqu'à ce qu'il soit lisse puis incorporez-le à la préparation. Tamisez ensemble la farine et la farine de maïs, ajoutez-les petit à petit au mélange, en battant énergiquement au fur et à mesure. Battez jusqu'à ce que le mélange soit lisse et assez consistant pour être pressé à la douille.

3 Versez le mélange dans une poche équipée d'une grosse douille étoilée et formez 40 petits tourbillons sur les plaques, en les espaçant assez pour qu'ils puissent gonfler.

4 Mettez-les au four 12 à 15 minutes, jusqu'à ce qu'ils soient fermes au toucher. Sortez du four et laissez refroidir environ 2 minutes. Transférez-les sur une grille métallique avec une spatule et laissez-les refroidir.

5 Pendant ce temps, préparez la crème au beurre. Travaillez le beurre avec l'extrait de vanille jusqu'à obtenir un mélange souple. Incorporez petit à petit le sucre glace en battant et ajoutez un peu d'eau froide si nécessaire pour obtenir une consistance lisse.

6 Quand ils sont froids, nappez sur leurs faces plates la moitié des biscuits de crème au beurre, à la poche à douille ou à la cuiller. Puis recouvrez chacun d'un second biscuit.

INGRÉDIENTS
Pour 20 biscuits

125 g de margarine à cuire
75 g de beurre doux ramolli
75 g de sucre glace tamisé
75 g de chocolat noir fondu et refroidi
15 g de farine de maïs tamisée
125 g de farine tamisée
125 g de farine avec levure incorporée

Pour la crème au beurre

125 g de beurre doux ramolli
1/2 cuil. à café d'extrait de vanille
225 g de sucre glace tamisé

Le bon truc

Il est essentiel que les matières utilisées soient à température ambiante et que les farines soient tamisées. Vous pouvez remplacer la crème au beurre par de la crème fouettée ou chantilly, mais, dans ce cas, il faudra déguster les biscuits le jour même de leur confection.

Muffins aux éclats de chocolat

1 Préchauffez le four à 200 °C (th. 6) 15 minutes à l'avance. Garnissez de caissettes (moules en papier) 7 alvéoles d'un moule à muffins ou bien graissez chaque alvéole. Cassez le chocolat noir dans un grand récipient placé au-dessus d'une casserole d'eau très chaude et remuez de temps en temps jusqu'à ce qu'il soit fondu. Retirez le récipient du feu et laissez refroidir quelques minutes.

2 Mélangez le sucre et le beurre au chocolat fondu avant d'ajouter le lait, l'extrait de vanille et l'œuf. Incorporez le sel, la levure chimique et la farine tamisés. Ajoutez le chocolat blanc en morceaux, puis mélangez grossièrement à la cuiller.

3 Répartissez la préparation dans les caissettes, en tassant au centre. Enfournez à mi-hauteur 20 à 25 minutes, jusqu'à ce que cette pâte ait levé et soit ferme au toucher.

4 Saupoudrez légèrement de sucre glace dès la sortie du four, si vous le souhaitez. Laissez les muffins dans le moule quelques minutes avant de les transférer sur une grille métallique. Servez tiède ou froid.

INGRÉDIENTS
Pour 7 muffins

- 50 g de chocolat noir
- 50 g de sucre roux
- 25 g de beurre fondu
- 125 ml de lait à température ambiante
- 1/2 cuil à café d'extrait de vanille
- 1 œuf moyen légèrement battu
- 150 g de farine avec levure incorporée
- 1/2 cuil. à café de levure chimique
- 1 pincée de sel
- 75 g de chocolat blanc en morceaux
- 2 cuil. à soupe de sucre glace (facultatif)

Le bon truc

Le dosage des ingrédients secs est essentiel en pâtisserie. Une trop grande ou une trop faible quantité d'un ingrédient peut considérablement modifier le résultat final. Ceci est particulièrement vrai pour les agents de levage comme la levure et le bicarbonate de soude. Vous ne regretterez pas votre dépense en investissant dans un jeu d'ustensiles gradués, verres ou cuillers, qui vous permettront de mesurer vos ingrédients avec une plus grande précision.

Le bon truc

Si vous ne disposez pas d'un vrai moule à muffins, une plaque à tartelettes fera l'affaire.

Les proportions indiquées correspondront alors à 10 ou 12 muffins plus petits.

Muffins fondants au chocolat fourrés à l'orange

1 Préchauffez le four à 190 °C (th. 5) 10 minutes à l'avance. Tamisez la farine, le cacao en poudre et la levure chimique dans un saladier. Ajoutez le beurre, le sucre, l'œuf et le lait. Battez 2 à 3 minutes pour obtenir un mélange léger et mousseux.

2 Répartissez le mélange dans 12 caissettes en papier disposées dans un moule à muffins. Enfournez 15 à 20 minutes sur la grille supérieure du four jusqu'à ce que la pâte ait levé et soit ferme au toucher. Laissez les gâteaux dans le moule pendant quelques minutes, puis transférez sur une grille métallique jusqu'à complet refroidissement.

3 Pour le glaçage au fondant, mélangez le beurre fondu, le lait, le cacao en poudre et le sucre glace.

Déposez une cuiller à café de cette préparation sur le dessus de 6 gâteaux. Étalez en cercle en aplatissant avec le dos de la cuiller. Saupoudrez de chocolat râpé.

4 Pour les chapeaux, choisissez un couteau bien aiguisé. Découpez un cercle d'environ 3 cm de diamètre sur le dessus des 6 autres gâteaux. Fouettez la crème fraîche, la liqueur d'orange et une cuillerée à café de sucre glace jusqu'à ce que la crème forme des petits pics à l'extrémité du fouet.

5 Remplissez de cette garniture une poche munie d'une grosse douille cannelée et formez un tourbillon au centre de chaque gâteau. Replacez les chapeaux, puis saupoudrez de sucre glace. Servez avec les autres fondants.

INGRÉDIENTS
Pour 12 muffins

50 g de farine avec levure incorporée
25 g de cacao en poudre
1/2 cuil. à café de levure chimique
75 g de beurre ramolli
75 g de sucre roux
1 œuf moyen légèrement battu
1 cuil. à soupe de lait

Pour le glaçage au fondant
15 g de beurre doux, fondu
1 cuil. à soupe de lait
15 g de cacao en poudre tamisé
40 g de sucre glace tamisé
25 g de chocolat noir grossièrement râpé

Pour la garniture des chapeaux
150 ml de crème fraîche épaisse
2 cuil. à café de liqueur d'orange
1 cuil. à soupe de sucre glace tamisé

Le bon truc

Râpez le chocolat sur une feuille de papier sulfurisé avec une râpe à gros trous. En vous aidant du papier, le saupoudrage sera plus facile car le chocolat glissera tout seul.

Rochers au chocolat et à l'orange

1 Préchauffez le four à 200 °C (th. 6) 15 minutes à l'avance. Graissez légèrement deux plaques à pâtisserie ou garnissez-les de papier sulfurisé. Tamisez la farine, le cacao en poudre et la levure chimique dans un saladier. Ajoutez le beurre coupé en petits dés. Frottez entre vos paumes jusqu'à ce que le mélange ressemble à de la semoule.

2 Ajoutez le sucre cristallisé, l'ananas, les abricots et les cerises et mélangez. Battez légèrement l'œuf avec le zeste et le jus d'orange. Versez cette préparation sur les ingrédients secs et mélangez. Le résultat doit être relativement consistant mais pas trop sec. Au besoin, rajoutez quelques larmes de jus d'orange.

3 À l'aide de deux cuillers, formez des petits tas sur les plaques à pâtisserie. Saupoudrez généreusement de sucre roux. Mettez au four 15 minutes, en intervertissant les plaques au bout d'une dizaine de minutes. Sortez du four et laissez tiédir sur les plaques 5 minutes. Mettez à refroidir sur une grille métallique. Servez tiède ou froid.

INGRÉDIENTS
Pour 12 rochers

200 g de farine avec levure incorporée
25 g de cacao en poudre
1/2 cuil. à café de levure chimique
125 g de beurre
40 g de sucre cristallisé
50 g d'ananas confit en petits dés
50 g d'abricots secs en petits dés
50 g de cerises confites coupées en quatre
1 œuf moyen
1/2 zeste d'orange finement râpé
1 cuil. à soupe de jus d'orange
2 cuil. à soupe de sucre roux

Le bon truc

Pour cette recette, il est essentiel de ne pas trop mélanger les ingrédients et de ne pas ajouter trop de liquide, sous peine de perdre la texture sableuse de ces rochers.

Vous pouvez varier les ingrédients selon vos goûts. Quelques noix ou noisettes donneront plus de croustillant et de caractère.

Ces rochers ne se conservent pas très bien, mieux vaut les manger le jour même.

Marquises au chocolat et aux griottes

1 Préchauffez le four à 180 °C (th. 5) 10 minutes à l'avance. Garnissez de caissettes en papier les alvéoles d'une plaque à tartelettes ou un moule à muffins. Tamisez la farine et le cacao en poudre dans un saladier. Mélangez avec le sucre, puis ajoutez le beurre fondu, les œufs et l'extrait de vanille. Battez avec une cuiller en bois 2 à 3 minutes jusqu'à obtenir un mélange homogène.

2 Répartissez la moitié de cette préparation dans 6 caissettes. Égouttez bien les cerises avec un essuie-tout absorbant avant de les ajouter au reste de la préparation. Garnissez les 6 autres caissettes.

3 Enfournez sur la grille supérieure pendant 20 minutes. La pointe d'un couteau ou d'une pique plantée dans le gâteau doit ressortir sèche. Transférez sur une grille métallique et laissez refroidir.

4 Pour le glaçage au chocolat, faites fondre le chocolat et le beurre dans un récipient résistant à la chaleur, placé au-dessus d'une casserole d'eau chaude. Retirez du feu et laissez refroidir 3 minutes en remuant de temps en temps. Incorporez le sucre glace. Nappez à la cuiller les 6 marquises au chocolat noir et laissez prendre.

5 Pour le glaçage à la cerise, tamisez le sucre glace dans un saladier et ajoutez une cuiller à soupe d'eau bouillante, le beurre et le sirop des cerises. Nappez les 6 autres marquises. Décorez avec une demi-cerise et laissez prendre.

INGRÉDIENTS
Pour 12 marquises

- 175 g de farine avec levure incorporée
- 25 g de cacao en poudre
- 175 g de sucre roux
- 75 g de beurre fondu
- 2 œufs moyens légèrement battus
- 1 cuil. à café d'extrait de vanille
- 40 g de cerises griottes au sirop, égouttées et coupées en morceaux

Pour le glaçage au chocolat
- 50 g de chocolat noir
- 25 g de beurre doux
- 25 g de sucre glace tamisé

Pour le glaçage à la cerise
- 125 g de sucre glace
- 7 g de beurre doux fondu
- 1 cuil. à café du sirop des cerises griottes
- 3 cerises griottes coupées en deux pour la décoration

Un peu d'info

Ne vous attendez pas à voir lever cette pâte jusqu'au bord des caissettes. Elle ne devrait monter qu'aux trois quarts. Le dessus des gâteaux étant relativement plat, il reste suffisamment d'espace pour un glaçage épais.

Congolais au chocolat

1 Préchauffez le four à 180 °C (th. 5) 10 minutes à l'avance. Graissez légèrement 10 moules à darioles. Garnissez les fonds de papier sulfurisé. Placez les moules sur une plaque à pâtisserie. Battez le beurre et le sucre jusqu'à obtenir un mélange léger et mousseux. Incorporez les œufs un à un en battant énergiquement après l'introduction de chacun, avant d'ajouter l'extrait et la poudre d'amandes.

2 Tamisez la farine, le cacao en poudre et la levure chimique. Versez en pluie sur cette préparation, puis incorporez délicatement avec une cuiller en métal. Répartissez également le mélange entre les moules. Chaque moule doit être à moitié plein.

3 Enfournez 20 minutes à mi-hauteur jusqu'à ce que la pâte ait levé et soit ferme au toucher. Laissez dans les moules quelques minutes, puis démoulez en passant une palette sur les bords et démoulez sur une grille métallique. Enlevez le papier sulfurisé.

4 Faites chauffer la confiture avec la liqueur, le cognac ou le jus d'orange dans une petite casserole. Passez au chinois pour éliminer les grumeaux. Si besoin est, égalisez la base des pyramides pour qu'elles soient bien à plat. Au pinceau, badigeonnez le haut et les côtés de confiture chaude, puis roulez les pyramides dans la noix de coco. Décorez le haut des congolais avec un bouton en chocolat fixé par une touche de confiture.

INGRÉDIENTS
Pour 10 congolais

125 g de beurre
125 g de sucre roux
2 œufs moyens légèrement battus
1 goutte d'extrait d'amandes
1 cuil. à soupe de poudre d'amandes
75 g de farine avec levure incorporée
20 g de cacao en poudre
1 cuil. à café de levure chimique

Pour le décor

5 cuil. à soupe de confiture d'abricot
1 cuil. à soupe de liqueur d'amaretto, de cognac ou de jus d'orange
50 g de noix de coco séchée
10 gros boutons en chocolat (facultatif)

Le bon truc

Graissez bien les moules et farinez-les comme à votre habitude. Dans ce cas, tapotez ensuite le moule pour éliminer l'excès de farine. Le démoulage sera plus facile si vous tapissez le fond de papier sulfurisé avant de garnir. Démoulez les congolais aussitôt après la cuisson car ils ont tendance à attacher au moule.

Roulés chocolat-cannelle

1 Préchauffez le four à 190 °C (th. 5) 10 minutes à l'avance. Graissez légèrement un moule à manqué de 18 x 18 cm. Mélangez les poires et le jus de fruit dans un saladier, puis couvrez et laissez les poires tremper le temps de préparer la pâte.

2 Tamisez la farine, la cannelle dans un saladier, avec le sel. Incorporez 25 g de beurre, puis la levure, et formez un puits au milieu. Ajoutez le lait et les œufs, puis mélangez jusqu'à obtenir une pâte souple. Pétrissez 10 minutes sur un plan fariné jusqu'à ce que la pâte soit lisse et caoutchouteuse. Laissez lever une heure dans un saladier. Cette pâte doit doubler de volume.

3 Une fois levée, posez la pâte sur un plan légèrement fariné et pétrissez un peu avant de l'étendre au rouleau. Formez un rectangle de 23 x 12 cm. Faites fondre le beurre restant et passez-le au pinceau sur la pâte. Avec une cuiller, répartissez les petits morceaux de poires et de chocolat sur ce fond en laissant dégarnis 2,5 cm sur les bords. Roulez le tout dans le sens de la longueur en serrant fort. Coupez en 12 tranches égales que vous disposez dans le moule. Couvrez et laissez lever 25 minutes, jusqu'à ce qu'elles aient doublé de volume.

4 Enfournez 30 minutes à mi-hauteur, jusqu'à ce qu'elles aient bien monté et pris une belle couleur dorée. Couvrez 20 minutes avec du papier d'aluminium si la garniture commence à brunir.

5 Badigeonnez avec le sirop d'érable quand les roulés sont encore chauds et laissez tiédir 10 minutes dans le moule. Démoulez sur une grille métallique et laissez refroidir encore un peu. Séparez les roulés. Servez tiède.

INGRÉDIENTS
Pour 12 petits roulés

- 75 g de poires séchées en petits morceaux
- 1 cuil. à soupe de jus de pomme ou de jus d'orange
- 225 g de farine de blé dur
- 1 cuil. à café de cannelle en poudre
- 1/2 cuil. à café de sel
- 40 g de beurre
- 1/2 cuil. à café de levure déshydratée
- 125 ml de lait chaud
- 1 œuf moyen, battu légèrement
- 75 g de chocolat noir en petits morceaux
- 3 cuil. à soupe de sirop d'érable

Une question de goût

On peut remplacer les poires et le jus de fruit par l'équivalent en poids d'amandes ou de noisettes concassées.

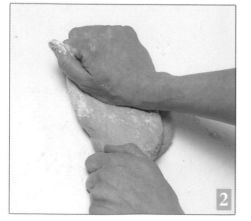

Pavés aux fruits et aux pépites de chocolat

1 Préchauffez le four à 180 °C (th. 5) 10 minutes à l'avance. Graissez et garnissez de papier sulfurisé un moule à manqué carré très haut de 18 x 18 cm. Tamisez la farine et les épices dans un grand saladier. Coupez le beurre en petits dés et travaillez à la main jusqu'à ce que le mélange ressemble à une fine semoule.

2 Ajoutez le chocolat, le mélange de fruits secs et de noix aux ingrédients secs. Réservez 1 cuiller à soupe de sucre roux, puis versez le reste dans le saladier et mélangez le tout. Incorporez les œufs et la moitié du lait et battez. Versez le reste du lait petit à petit jusqu'à ce que la préparation soit onctueuse.

3 Déposez cette préparation dans le moule. Lissez le dessus avec le dos d'une cuiller et saupoudrez avec le sucre roux que vous avez réservé. Enfournez 50 minutes à mi-hauteur. Couvrez ensuite avec une feuille de papier d'aluminium pour empêcher le gâteau de brûler et repassez au four 30 à 40 minutes. Votre pâte doit être ferme au toucher et la pointe d'un couteau plantée au milieu doit ressortir sèche.

4 Laissez tiédir légèrement dans le moule 10 minutes, puis démoulez sur une grille métallique et laissez refroidir complètement. Découpez 10 belles tranches et servez. Conservez-les dans une boîte hermétique.

INGRÉDIENTS
Pour 10 pavés

- 350 g de farine avec levure incorporée
- 1 cuil. à café d'épices mélangées en poudre
- 175 g de beurre réfrigéré
- 125 g de chocolat noir en morceaux
- 125 g de fruits secs mélangés
- 75 g d'abricots secs en morceaux
- 75 g d'amandes, noix et noisettes concassées
- 175 g de sucre roux
- 2 œufs moyens légèrement battus
- 150 ml de lait

Le bon truc

Les abricots secs ont tendance à coller et seront beaucoup plus faciles à couper avec des ciseaux de cuisine. Passez les ciseaux dans la farine autant de fois que nécessaire pour empêcher les morceaux de coller entre eux et de s'amalgamer. Ce petit truc s'applique aussi aux cerises et aux poires confites et généralement à tous les fruits secs.

Un peu d'info

Ces pavés pourront se conserver pendant plusieurs jours dans un endroit sec, enveloppés dans du papier sulfurisé, puis recouverts de papier d'aluminium.

Brownies aux noix de pécan

1 Préchauffez le four à 180 °C (th. 5) 10 minutes à l'avance. Graissez légèrement et garnissez de papier sulfurisé un moule de 28 x 18 x 2,5 cm. Battez le beurre et le sucre jusqu'à obtenir un mélange léger et mousseux. Tamisez les deux farines, le cacao en poudre et incorporez au mélange pour obtenir une pâte souple.

2 Répartissez la pâte dans le moule en tassant avec une spatule. Piquez à la fourchette avant d'enfourner 15 minutes sur la grille supérieure.

3 Mettez le beurre, le sucre, le sirop de sucre roux, le lait et l'extrait de vanille dans une petite casserole et faites fondre doucement. Retirez du feu et laissez tiédir quelques minutes. Incorporez les œufs et versez ce mélange sur la pâte. Décorez avec les cerneaux de noix de pécan.

4 Passez au four 25 minutes. Le gâteau doit brunir mais rester moelleux sans former de croûte. Laissez refroidir dans le moule. Quand le gâteau est froid, démoulez délicatement, coupez 12 carrés et servez. Conservez dans une boîte hermétique.

Le bon truc

Dans les recettes contenant du beurre ou de la margarine, utilisez du beurre ou de la margarine en pain au lieu des émulsions en pots. Ces variétés à tartiner ne sont pas stables à la cuisson car elles contiennent une trop forte proportion d'eau. Avec elles, vous n'obtiendriez qu'un gâteau décevant, bien loin du résultat attendu.

Une question de goût

Les noix de pécan sont idéales dans cette recette, mais on peut les remplacer par des noix européennes.

INGRÉDIENTS
Pour 12 brownies

175 g de beurre
75 g de sucre glace tamisé
175 g de farine
25 g de farine avec levure incorporée
25 g de cacao en poudre

Pour le nappage aux noix de pécan
75 g de beurre
50 g de sucre roux
2 cuil. à soupe de sirop de sucre roux
2 cuil. à soupe de lait
1 cuil. à café d'extrait de vanille
2 œufs moyens légèrement battus
125 g de noix de pécan coupées en deux

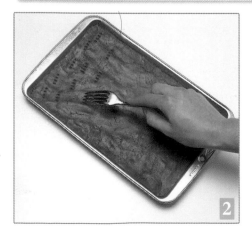

Carrés à la polenta et aux noix de macadamia

1 Préchauffez le four à 180 °C (th. 5) 10 minutes à l'avance. Graissez et garnissez de papier sulfurisé un moule à manqué de 18 x 18 cm. Hachez finement 50 g de noix et réservez. Hachez plus grossièrement les 100 g qui restent. Battez le beurre et le sucre jusqu'à obtenir un mélange léger et mousseux. Incorporez les œufs un à un en battant énergiquement après l'introduction de chacun.

2 Tamisez la farine, le cacao en poudre, la cannelle, la levure chimique et le sel et incorporez-les délicatement à la préparation, à l'aide d'une grande cuiller en métal ou d'une spatule. Ajoutez le lait, la polenta et 75 g de noix grossièrement hachées. Mélangez le tout.

3 Déposez cette pâte dans le moule, en lissant le dessus avec le dos d'une cuiller. Saupoudrez avec les 50 g de noix finement hachées que vous avez réservés. Enfournez à mi-hauteur 45 à 50 minutes, jusqu'à ce que la pâte ait levé et légèrement bruni. La pointe du couteau plantée quelques secondes au milieu du gâteau doit ressortir sèche.

4 Laissez tiédir dans le moule 10 minutes, puis démoulez sur une grille métallique et laissez refroidir complètement. Coupez le gâteau en 9 parts égales et servez. Conservez dans une boîte hermétique.

INGRÉDIENTS
Pour 9 carrés

150 g de noix de macadamia non salées, décortiquées
150 g de beurre ramolli
150 g de sucre roux
2 œufs moyens légèrement battus
75 de farine
25 g de cacao en poudre
1/4 cuil. à café de cannelle en poudre
1 cuil. à café de levure chimique
1 pincée de sel
5 cuil. à soupe de lait
60 g de polenta à préparation rapide

Le bon truc

Surveillez votre gâteau. Au bout de 30 à 35 minutes de cuisson, si les noix brunissent trop vite, posez une feuille de papier d'aluminium sur le moule et remettez au four.

Moelleux à la noix de coco et au café

1 Préchauffez le four à 170 °C (th. 4) 10 minutes à l'avance. Graissez légèrement un moule à manqué carré très haut, de 20,5 x 20,5 cm, et garnissez-le de papier sulfurisé. Dans une petite terrine, versez le lait chaud sur le café moulu. Laissez infuser 5 minutes, puis passez dans une passoire à thé ou un chinois garni d'une étamine. Il doit rester environ 4 cuillerées à soupe de liquide que vous allez réserver.

2 Mettez le beurre, le sirop de sucre roux, et la noix de coco dans une casserole à fond épais. Faites fondre le beurre et dissoudre le sucre à feu doux. Tamisez la farine, le cacao en poudre, et le bicarbonate de soude. Incorporez au mélange fondu avec les œufs et 3 cuillerées à soupe du café au lait.

3 Versez la préparation dans le moule. Enfournez 45 minutes à mi-hauteur, jusqu'à ce que le gâteau soit bien levé et ferme au toucher. Laissez tiédir dans le moule 10 minutes, puis démoulez et laissez reposer sur une grille métallique jusqu'à refroidissement complet.

4 Pour le glaçage, incorporez progressivement le sucre glace au beurre ramolli et battez jusqu'à obtenir un mélange homogène. Ajoutez la dernière cuillerée à soupe de café au lait et battez jusqu'à ce que le mélange soit léger et mousseux.

5 Nappez délicatement le dessus du gâteau avec ce glaçage au café. Coupez en 9 parts. Décorez chaque pavé d'une bûchette en chocolat avant de servir.

INGRÉDIENTS
Pour 9 moelleux

3 cuil. à soupe de café moulu
5 cuil. à soupe de lait chaud
75 g de beurre
175 g de sirop de sucre roux
25 g de sucre roux
40 g de noix de coco séchée
150 g de farine
25 g de cacao en poudre
1/2 cuil. à café de bicarbonate de soude
2 œufs moyens légèrement battus
9 bûchettes en chocolat pour la décoration

Pour le glaçage au café
225 g de sucre glace tamisé
125 g de beurre ramolli

Le bon truc

Pour que la texture en bouche ne soit pas désagréablement granuleuse, choisissez un tamis très fin pour éliminer le plus de fragments de café possible.

Brownies aux noix

1 Préchauffez le four à 170 °C (th. 4) 10 minutes à l'avance. Graissez un moule à manqué rectangulaire de 28 x 18 x 2,5 cm et garnissez-le de papier sulfurisé. Mettez le beurre, le chocolat, le sucre, l'extrait de vanille et 225 ml d'eau froide dans une casserole à fond épais. Faites chauffer à feu doux et remuez de temps à autre jusqu'à ce que le chocolat et le beurre aient fondu, sans porter à ébullition.

2 Tamisez les farines et le cacao en poudre dans un saladier et faites un puits au centre. Ajoutez la mayonnaise et environ 1/3 de la préparation au chocolat. Battez jusqu'à obtenir une pâte lisse, puis incorporez petit à petit le reste du chocolat.

3 Versez dans le moule et enfournez à mi-hauteur du four pendant 1 heure, jusqu'à ce que la pâte ait légèrement levé et soit ferme au toucher. Posez le moule sur une grille métallique et laissez refroidir. Démoulez et retirez le papier sulfurisé.

4 Pour confectionner le glaçage, placez le chocolat et le beurre dans une petite casserole avec 1 cuillerée à soupe d'eau. Faites chauffer à feu très doux et remuez de temps en temps jusqu'à ce que le chocolat ait fondu et forme une préparation lisse. Laissez refroidir le temps que le chocolat épaississe, puis répartissez le nappage sur le gâteau. Mettez au réfrigérateur environ 5 minutes, et tracez 24 carrés.

5 Saupoudrez légèrement les demi-noix de sucre glace et placez-en une sur chaque carré. Découpez les brownies et conservez-les dans un récipient hermétique jusqu'au moment de servir.

INGRÉDIENTS
Pour 24 brownies

125 g de beurre
150 g de chocolat noir cassé
 en morceaux
450 g de sucre
1/2 cuil. à café d'extrait
 de vanille
200 g de farine
75 g de farine avec levure
 incorporée
50 g de cacao en poudre
225 g de mayonnaise (huile
 + jaunes d'œufs) à température
 ambiante

Pour le glaçage au chocolat
125 g de chocolat noir cassé
 en morceaux
40 g de beurre doux
24 moitiés de noix
1 cuil. à soupe de sucre glace
 pour le saupoudrage

Une question de goût

À la place des œufs, on utilise dans cette recette une mayonnaise composée d'huile et de jaune d'œuf. Veillez à ne pas utiliser une mayonnaise aromatisée.

Barres aux biscuits et aux fruits secs

1 Graissez un moule à manqué de 28 x 18 x 2,5 cm et garnissez-le de papier sulfurisé. Mettez le beurre et le chocolat dans un récipient résistant à la chaleur, placé au-dessus d'une casserole d'eau frémissante. Remuez de temps à autre le temps qu'ils fondent. Incorporez les biscuits écrasés, la noix de coco et les noix dans la préparation au chocolat et mélangez vigoureusement. Versez dans le moule et tassez fermement. Mettez 20 minutes au réfrigérateur.

2 Pour la garniture, mettez le jaune d'œuf et le lait dans un récipient résistant à la chaleur, placé au-dessus d'une casserole d'eau frémissante, en veillant à ce qu'il ne soit pas en contact avec l'eau. Fouettez 2 à 3 minutes. Ajoutez le beurre et l'extrait de vanille et continuez à fouetter jusqu'à obtenir un mélange mousseux, puis incorporez petit à petit le sucre glace, toujours en fouettant. Étalez sur le fond réfrigéré, lissez avec le dos d'une cuiller et remettez au réfrigérateur 30 minutes.

3 Pour le nappage, placez le chocolat et l'huile de tournesol dans un récipient résistant à la chaleur, placé au-dessus d'une casserole d'eau frémissante. Faites fondre en remuant de temps en temps jusqu'à ce que le mélange soit lisse. Laissez tiédir, puis versez sur la garniture et inclinez le moule dans tous les sens pour que le nappage soit régulier.

4 Refroidissez au réfrigérateur environ 5 minutes, jusqu'à ce que le chocolat ait figé mais sans trop durcir. Tracez 15 barres sur le nappage. Remettez au réfrigérateur pendant 2 heures, coupez les barres et servez.

INGRÉDIENTS
Pour 15 barres

75 g de beurre doux
125 g de chocolat noir cassé
  en morceaux
75 g de biscuits sablés écrasés
75 g de noix de coco en poudre
50 g de noix mélangées concassées
  (noix, noisettes, amandes…)

Pour la garniture
1 jaune d'œuf moyen
1 cuil. à soupe de lait
75 g de beurre doux ramolli
1 cuil. à café d'extrait de vanille
150 g de sucre glace

Pour le nappage
125 g de chocolat noir cassé
  en morceaux
2 cuil. à café d'huile de tournesol

Un peu d'info

Ces onctueux carrés nappés de chocolat sont originaires de Nanaimo, à l'ouest du Canada. Différentes versions de cette recette sont très prisées dans ce pays, y compris une variante avec garniture parfumée à la menthe.

Barres marbrées au caramel

1 Préchauffez le four à 180 °C (th. 5) 10 minutes à l'avance. Graissez un moule à manqué carré de 20,5 x 20,5 cm et garnissez-le de papier sulfurisé. Travaillez le beurre et le sucre. Lorsque le mélange est léger et mousseux, incorporez la farine et le cacao en poudre préalablement tamisés. Ajoutez la semoule et mélangez jusqu'à obtenir une pâte souple. Versez dans le moule et tassez. Piquez avec une fourchette et mettez au four 25 minutes. Laissez refroidir.

2 Pour la garniture au caramel, faites chauffer doucement le beurre, le lait concentré et le sucre jusqu'à ce que le sucre soit dissous. Portez à ébullition, puis laissez frémir 5 minutes en remuant sans arrêt.

Laisser poser 1 minute, puis étalez sur le sablé et laissez refroidir.

3 Pour le nappage, placez les 3 chocolats dans 3 récipients résistant à la chaleur et faites-les fondre, un par un, au-dessus d'une casserole d'eau frémissante. Versez par cuillerées les chocolats sur la garniture au caramel et inclinez le moule pour obtenir un nappage régulier. Composez un effet marbré à l'aide d'un couteau ou d'une palette.

4 Laissez refroidir le chocolat. Marquez les parts avec un couteau pointu. Laissez prendre au moins 1 heure avant de découper le gâteau en 12 petites barres.

INGRÉDIENTS
Pour 12 barres

175 g de beurre
75 g de sucre
175 g de farine
25 g de cacao en poudre
75 g de semoule fine

Pour la garniture au caramel
50 g de beurre
50 g de sucre roux
400 g de lait concentré en boîte

Pour le nappage au chocolat
75 g de chocolat noir
75 g de chocolat au lait
75 g de chocolat blanc

Le bon truc

Veillez à ce que la garniture au caramel blondisse, sinon elle ne prendra pas. Faites cuire 3 à 4 minutes pour obtenir la couleur idéale, mais ne laissez pas brûler. Vous pouvez aussi placer les ingrédients dans un saladier en verre et les faire chauffer au micro-ondes à température moyenne. Procédez par périodes de 30 secondes jusqu'à ce que le sucre ait fondu, remuez dans chaque intervalle. Lorsque le mélange a fondu, faites cuire à température maximale 2 à 4 minutes, par périodes de 30 secondes, jusqu'à ce qu'il soit doré.

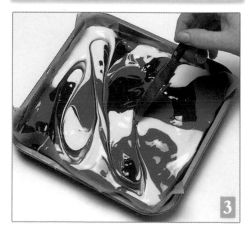

Fondants au chocolat noir

1 Préchauffez le four à 180 °C (th. 5) 10 minutes à l'avance. Graissez un moule à manqué carré de 20,5 x 20,5 cm et garnissez-le de papier sulfurisé. Faites fondre 225 g du chocolat noir dans un récipient résistant à la chaleur, placé au-dessus d'une casserole d'eau frémissante. Remuez jusqu'à obtenir une pâte lisse, puis laissez tiédir sans laisser prendre.

2 Battez le beurre et le sucre jusqu'à ce que le mélange soit léger et mousseux. Incorporez le chocolat fondu, la poudre d'amandes, les jaunes d'œufs, le cacao en poudre et la chapelure. Battez les blancs en neige ferme, puis versez-en une grosse cuillerée dans la préparation et remuez. Incorporez le reste des blancs avec délicatesse et versez le mélange dans le moule.

3 Enfournez à mi-hauteur pendant 1 heure1/4, jusqu'à ce que le gâteau soit ferme. Au bout de 45 minutes, recouvrez-le d'une feuille de papier d'aluminium pour éviter qu'il ne brûle. Laissez reposer dans le moule 20 minutes, puis démoulez sur une grille métallique et laissez refroidir.

4 Faites fondre les 125 g de chocolat noir restant avec la crème fraîche dans un récipient résistant à la chaleur, posé au-dessus d'une casserole d'eau frémissante, en remuant de temps à autre. Laissez refroidir 20 minutes, jusqu'à ce que le mélange ait légèrement épaissi.

5 Versez le nappage sur le biscuit. Éparpillez les morceaux de chocolat blanc et au lait et laissez prendre. Coupez en 16 carrés, décorez de lamelles de fraises fraîches et servez.

INGRÉDIENTS
Pour 16 fondants

350 g de chocolat noir
175 g de beurre ramolli
175 g de sucre roux
175 g de poudre d'amandes
6 gros œufs, jaunes et blancs séparés
3 cuil. à soupe de cacao en poudre tamisé
75 g de chapelure
125 ml de crème fraîche épaisse
50 g de chocolat blanc en morceaux
50 g de chocolat au lait en morceaux
quelques fraises fraîchement coupées en tranches pour décorer

Le bon truc

Pour éviter que le papier d'aluminium ne s'envole, surtout dans un four à chaleur tournante, repliez-le sous le bord du moule au lieu de simplement le poser sur le gâteau.

Barres croustillantes aux fruits confits

1 Graissez légèrement un moule de 18 x 18 cm et garnissez le fond de papier sulfurisé. Avec des ciseaux graissés, coupez chaque Chamallow® en 4 ou 5 morceaux, dans un saladier. Ajoutez le mélange de fruits secs, l'écorce d'orange, les cerises et les noix. Arrosez de cognac et remuez. Ajoutez les biscuits écrasés et mélangez bien le tout.

2 Cassez le chocolat en carrés et placez-le avec le beurre dans un récipient résistant à la chaleur, posé au-dessus d'une casserole d'eau frémissante. Remuez de temps en temps et retirez du feu lorsque c'est fondu. Mélangez soigneusement cette préparation aux ingrédients secs. Versez dans le moule et tassez fermement.

3 Mettez au réfrigérateur 15 minutes, puis marquez les barres avec un couteau pointu. Remettez au réfrigérateur pendant 1 heure, jusqu'à ce que le gâteau ait pris. Démoulez, retirez le papier sulfurisé et découpez les barres. Saupoudrez de sucre glace avant de servir.

INGRÉDIENTS
Pour 12 petites barres

14 Chamallows® roses et blancs
75 g de mélange de fruits secs
25 g d'écorces d'orange confites
75 g de cerises confites coupées en quatre
75 g de noix cassées en morceaux
1 cuil. à soupe de cognac
175 g de biscuits sablés écrasés
225 g de chocolat noir
125 g de beurre doux
1 cuil. à soupe de sucre pour saupoudrer (facultatif)

Le bon truc

Pourquoi ne pas garder les noix au congélateur ? Entières, elles se conservent pendant 3 ans, décortiquées pendant 1 an et en poudre, comme les amandes, pendant 3 mois. Il est beaucoup plus facile de casser les noix entières congelées car leur coquille est alors plus fragile.

Le bon truc

Si vous utilisez des écorces confites entières, utilisez des ciseaux de cuisine plutôt qu'un couteau pour couper de petits morceaux.

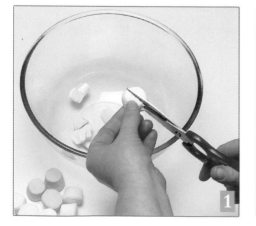

Gâteaux moelleux à l'orange et au citron

1 Préchauffez le four à 170 °C (th. 4) 10 minutes à l'avance. Graissez un moule à manqué de 28 x 18 x 2,5 cm et garnissez-le de papier sulfurisé. Travaillez le beurre, le sucre et le zeste d'orange dans un saladier jusqu'à obtenir une préparation légère et mousseuse. Ajoutez les œufs un par un en battant énergiquement, puis la poudre d'amandes, toujours en battant.

2 Tamisez la farine et la levure chimique et versez dans le mélange. Incorporez le chocolat râpé et le lait, remuez délicatement avec une cuiller en métal. Versez la préparation dans le moule.

3 Enfournez à mi-hauteur 35 à 40 minutes, jusqu'à ce que le gâteau ait levé et qu'il soit ferme au toucher. Laissez tiédir dans le moule quelques minutes. Démoulez sur une grille métallique et retirez le papier sulfurisé.

4 Pendant ce temps, confectionnez le nappage croquant. Placez le sucre, le jus des citrons et de l'orange dans un pichet et remuez. Versez sur le gâteau chaud en veillant à recouvrir toute la surface. Laissez refroidir complètement, coupez en 12 tranches et servez.

Le bon truc

Il est essentiel que le jus d'agrumes sucré soit versé sur le gâteau encore chaud, sinon il ne pénétrera pas.

Le bon truc

Conservez tous les ingrédients secs, comme la farine, la levure chimique et le sucre, dans des récipients hermétiques rangés dans un endroit sec et frais.

INGRÉDIENTS
Pour 12 pièces

175 g de beurre
175 g de sucre roux
le zeste finement râpé de 1 orange
3 œufs moyens légèrement battus
1 cuil. à soupe de poudre d'amandes
175 g de farine avec levure incorporée
1/4 cuil. à café de levure chimique
125 g de chocolat noir, râpé grossièrement
2 cuil. à café de lait

Pour le nappage croquant
125 g de sucre cristallisé
le jus de 2 citrons
le jus de 1 orange

Moelleux
au caramel fondant

1 Préchauffez le four à 180 °C (th. 5) 10 minutes à l'avance. Graissez un moule à manqué de 28 x 18 x 2,5 cm et garnissez-le de papier sulfurisé.

2 Placez le sucre roux et le beurre dans un saladier avec la farine, la levure chimique et le cacao en poudre tamisés et le sel. Ajoutez les œufs et le caramel liquide, battez 2 minutes au batteur électrique. Ajoutez 2 cuillerées à soupe d'eau chaude et battez à nouveau 1 minute.

3 Versez la préparation dans le moule et lissez avec le dos d'une cuiller. Enfournez à mi-hauteur 30 minutes, jusqu'à ce qu'elle soit ferme au toucher. Démoulez le gâteau sur une grille métallique et laissez refroidir avant de retirer le papier sulfurisé.

4 Pour confectionner le nappage, faites chauffer à feu doux dans une casserole le sucre et le lait concentré non sucré jusqu'à ce que le sucre soit dissous. Remuez souvent. Portez le mélange à ébullition et laissez frémir 6 minutes sans remuer.

5 Retirez du feu. Ajoutez le chocolat et le beurre et remuez jusqu'à ce qu'ils aient fondu et soient bien mélangés. Versez dans un saladier et mettez 1 à 2 heures au réfrigérateur jusqu'à ce que le mélange ait épaissi. Étalez le nappage sur le gâteau et répartissez dessus les morceaux de caramel mou. Coupez le gâteau en 15 carrés avant de servir.

INGRÉDIENTS
Pour 15 moelleux

175 g de sucre roux
175 g de beurre ramolli
150 g de farine avec levure incorporée
25 g de cacao en poudre
1/2 cuil. à café de levure chimique
1 pincée de sel
3 œufs moyens légèrement battus
1 cuil. à soupe de caramel liquide

Pour le nappage fondant

75 g de sucre cristallisé
150 ml de lait concentré non sucré
175 g de chocolat noir cassé en gros morceaux
40 g de beurre doux ramolli
125 g de caramels mous coupés en petits morceaux

Une question de goût

Pour agrémenter ce gâteau, vous pouvez mélanger les parfums des caramels : vanille, chocolat, caramel au beurre...

Marbrés au chocolat

1 Préchauffez le four à 180 °C (th. 5) 10 minutes à l'avance. Graissez un moule à manqué de 28 x 18 x 2,5 cm et garnissez-le de papier sulfurisé. Battez le beurre, le sucre et l'extrait de vanille jusqu'à obtenir un mélange léger et mousseux. Ajoutez les œufs un par un en battant vigoureusement. Incorporez la farine et la levure chimique tamisées avec le lait.

2 Posez à la cuiller des petits tas de pâte dans le moule, assez espacés car ils vont gonfler. N'utilisez que la moitié de la pâte. Mélangez le cacao en poudre avec 2 cuillerées à soupe d'eau chaude pour obtenir une pâte lisse. Incorporez-la au restant de pâte au beurre vanillée. Disposez de petites cuillerées dans le moule entre les tas précédents, en remplissant bien les intervalles. Faites des 8 avec un couteau pour mélanger légèrement les deux pâtes.

3 Mettez au four à mi-hauteur 35 minutes, jusqu'à ce que le gâteau ait bien levé et soit ferme au toucher. Laissez tiédir 5 minutes dans le moule, puis démoulez sur une grille métallique et laissez refroidir. Retirez le papier sulfurisé.

4 Pour le nappage, placez le chocolat noir et le chocolat blanc chacun dans un récipient résistant à la chaleur. Posez ces récipients au-dessus d'une casserole d'eau frémissante et faites fondre. Transvasez à la cuiller les chocolats dans des poches en papier sulfurisé, coupez le bout de chaque poche et composez un motif en versant un filet de chaque chocolat sur le gâteau. Laissez prendre avant de découper en carrés.

Une question de goût

Pour marbrer le nappage, étalez le chocolat noir régulièrement sur le dessus du gâteau. Mettez le chocolat blanc dans une petite poche à douille, en papier sulfurisé ou non, et versez-le en zigzags sur le chocolat, au gré de votre fantaisie. Utilisez une pique à apéritif ou une brochette pour mêler les deux chocolats.

INGRÉDIENTS
Pour 12 marbrés

175 g de beurre
175 g de sucre
1 cuil. à café d'extrait de vanille
3 œufs moyens légèrement battus
200 g de farine avec levure incorporée
1/2 cuil. à café de levure chimique
1 cuil. à soupe de lait
1 cuil. à soupe de cacao en poudre

Pour le glaçage en chocolat
75 g de chocolat noir cassé en morceaux
75 g de chocolat blanc cassé en morceaux

Brownies aux trois chocolats

1 Préchauffez le four à 190 °C (th. 5) 10 minutes à l'avance. Graissez un moule à manqué de 28 x 18 x 2,5 cm et garnissez-le de papier sulfurisé. Faites fondre le chocolat noir et le beurre dans un récipient résistant à la chaleur, placé au-dessus d'une casserole d'eau frémissante en remuant de temps à autre. Enlevez du feu et laissez tiédir, mais le mélange ne doit pas commencer à figer.

2 Placez le sucre, les œufs, l'extrait de vanille et le café dans un saladier. Battez jusqu'à obtenir une pâte lisse. Incorporez graduellement le chocolat fondu en battant. Ajoutez la farine tamisée, puis les noix de pécan, le chocolat blanc et le chocolat au lait. Remuez avec délicatesse jusqu'à ce que tous les ingrédients soient parfaitement mélangés.

3 Versez la préparation dans le moule et lissez le dessus. Enfournez à mi-hauteur 45 minutes, jusqu'à ce que le cœur de la pâte soit ferme au toucher et l'extérieur croustillant. Laissez refroidir dans le moule, puis démoulez sur une grille métallique. Coupez les bords qui ont formé une croûte et découpez le gâteau en 15 carrés. Conservez dans un récipient hermétique.

INGRÉDIENTS
Pour 15 brownies

350 g de chocolat noir
225 g de beurre coupé en dés
225 g de sucre
3 gros œufs légèrement battus
1 cuil. à café d'extrait de vanille
2 cuil. à soupe de café noir fort
100 g de farine avec levure
incorporée
125 g de noix de pécan concassées
grossièrement
75 g de chocolat blanc cassé en gros
morceaux
75 g de chocolat au lait cassé
en gros morceaux

Un peu d'info

Les brownies ont une forte teneur en sucre, ce qui leur donne leur aspect croustillant caractéristique. La texture riche et onctueuse de la pâte intérieure est due à la faible dose de farine proportionnellement aux autres ingrédients.

Une question de goût

Veillez à ne pas faire trop cuire les brownies. L'extérieur formerait une croûte épaisse et l'intérieur deviendrait trop liquide et collant.

Gâteaux aux noix et au chocolat blanc

1 Préchauffez le four à 190 °C (th. 5) 10 minutes à l'avance. Graissez un moule à manqué de 28 x 18 x 2,5 cm et garnissez-le de papier sulfurisé. Placez le beurre et le sucre roux dans une casserole à fond épais et faites chauffer à feu doux, le temps que le beurre fonde et que le sucre commence à se dissoudre. Retirez alors du feu et laissez refroidir.

2 Mettez les œufs, l'extrait de vanille et le lait dans un saladier et mélangez-les en battant. Incorporez le mélange beurre et sucre, ajoutez 125 g de farine et la levure chimique tamisées, et le sel. Remuez délicatement le mélange deux fois.

3 Enrobez les noix et les pépites de chocolat blanc dans la cuillerée à soupe de farine restante. Versez-les dans le saladier et mélangez délicatement tous les ingrédients.

4 Versez la préparation dans le moule et enfournez à mi-hauteur 35 minutes, jusqu'à ce que le dessus soit ferme et légèrement croustillant. Posez le moule sur une grille métallique et laissez refroidir.

5 Quand le gâteau est complètement froid, démoulez et saupoudrez légèrement la surface de sucre glace. Coupez en 15 parts à l'aide d'un couteau pointu et servez.

INGRÉDIENTS
Pour 15 pièces

75 g de beurre doux
200 g de sucre roux
2 gros œufs légèrement battus
1 cuil. à café d'extrait de vanille
2 cuil. à soupe de lait
125 g de farine + 1 cuil. à soupe
1 cuil. à café de levure chimique
75 g de noix grossièrement concassées
125 g de pépites de chocolat blanc
1 cuil. à soupe de sucre glace

Une question de goût

Pour un nappage au chocolat, mélangez environ 50 g de pépites de chocolat noir, autant de chocolat blanc et autant de chocolat au lait. Répartissez-les sur le dessus du gâteau dès sa sortie du four. Laissez refroidir. Sans démouler, coupez en carrés et servez.

Dôme aux noisettes et aux dattes sauce chocolat

1 Graissez légèrement un saladier, puis tapissez le fond de papier sulfurisé. Battez le beurre et le sucre dans un grand saladier jusqu'à obtenir un mélange léger et mousseux. Ajoutez les œufs un par un en incorporant une cuillerée de farine après chaque œuf. Après l'incorporation des œufs, versez en pluie la farine restante et mélangez.

2 Ajoutez le chocolat râpé et mélangez délicatement, puis incorporez le lait, les noisettes et les dattes. Remuez doucement jusqu'à obtenir une pâte homogène.

3 Déposez cette préparation dans le saladier et lissez en surface. Couvrez avec une double feuille de papier sulfurisé repliée sur le dessus pour permettre à la pâte de gonfler. Recouvrez avec un petit torchon ou une double feuille de papier d'aluminium, elle aussi repliée sur le dessus. Maintenez en place avec de la ficelle.

4 Placez le tout dans un panier-vapeur posé au-dessus d'une casserole d'eau frémissante. Laissez cuire 2 heures à la vapeur, jusqu'à ce que le gâteau soit cuit et ferme au toucher. Pensez à rajouter de l'eau si nécessaire. Retirez le gâteau et laissez reposer 5 minutes avant de le démouler sur une assiette. Enlevez le fond de papier sulfurisé et saupoudrez avec les noisettes grillées concassées. Gardez au chaud.

5 Pendant la cuisson du gâteau, préparez la sauce. Faites fondre le beurre, le sucre et le chocolat dans une casserole. Incorporez la crème fraîche et laissez frémir encore 3 minutes jusqu'à ce que le mélange épaississe. Nappez le dôme de cette sauce et servez.

INGRÉDIENTS
Pour 6 à 8 personnes

125 g de beurre ramolli
125 g de sucre de canne
3 œufs moyens battus
175 g de farine tamisée avec levure
   incorporée
50 g de chocolat noir râpé
3 cuil. à soupe de lait
75 g de noisettes grossièrement
   hachées
75 g de dattes dénoyautées en gros
   morceaux
quelques noisettes grillées
   concassées pour la décoration

Pour la sauce chocolat

50 de beurre doux
50 g de sucre roux
50 g de chocolat noir en morceaux
125 ml de crème fraîche

Brioche au chocolat

1 Préchauffez le four à 180 °C (th. 5), 10 minutes à l'avance. Huilez ou beurrez légèrement un grand plat allant au four. Faites fondre 25 g de beurre avec le chocolat dans un récipient résistant au feu, placé sur une casserole d'eau frémissante. Remuez jusqu'à obtenir une pâte lisse.

2 Disposez la moitié des tranches de brioche dans le grand plat. Les tranches doivent se chevaucher légèrement. Versez la moitié du chocolat fondu sur cette première couche. Recouvrez d'une nouvelle couche de brioche et ainsi de suite en finissant sur une couche de chocolat.

3 Faites fondre le beurre restant dans une casserole. Retirez du feu et ajoutez l'extrait ou le zeste d'orange, la noix de muscade et les œufs battus. Tout en remuant, versez le sucre puis le lait. Battez vigoureusement, puis nappez la brioche de ce mélange. Laissez reposer 30 minutes avant de passer au four.

4 Enfournez 45 minutes à mi-hauteur, jusqu'à ce que le flan ait pris et que la croûte soit bien dorée. Laissez reposer 5 minutes, puis saupoudrez de cacao en poudre et de sucre glace. Servez chaud.

INGRÉDIENTS
Pour 6 personnes

200 g de chocolat noir
    en morceaux
75 g de beurre doux
225 g de brioche en tranches
1 cuil. à café d'extrait d'orange
1/2 cuil. à café de noix de
    muscade fraîchement râpée
3 œufs moyens battus
25 g de sucre roux
600 ml de lait
cacao en poudre et sucre glace
    pour le saupoudrage

Une question de goût

Qu'elles soient carrées, rectangulaires, en boules ou fantaisie, toutes les sortes de brioche conviennent à cette recette.

Le bon truc

On peut remplacer la brioche par des croissants, des petits cakes ou des brioches aux fruits. Il faut absolument laisser reposer le plat 30 minutes avant de le mettre au four. Résistez à la tentation de gagner du temps en sautant cette étape.

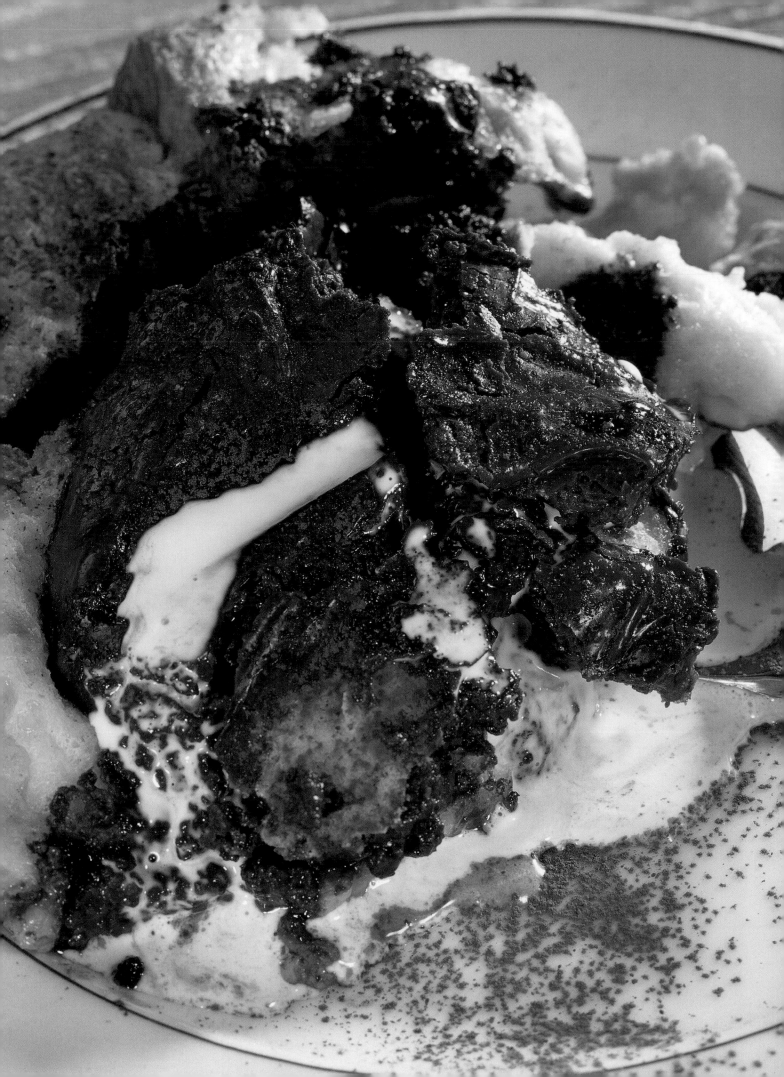

Tarte au moka

1 Posez le fond de tarte prêt à l'emploi sur un grand plat de service. Faites fondre le chocolat dans un récipient résistant à la chaleur, placé au-dessus d'une casserole d'eau frémissante. Veillez à ce que le fond du récipient ne soit pas en contact avec l'eau. Retirez du feu, puis remuez jusqu'à obtenir une pâte bien lisse et laissez tiédir.

2 Battez le beurre, le sucre roux et l'extrait de vanille pour obtenir un mélange léger et mousseux, puis incorporez le chocolat tiédi. Ajoutez le café noir et garnissez le fond de pâte de ce mélange. Laissez refroidir 30 minutes au réfrigérateur.

3 Pour le nappage, fouettez la crème fraîche jusqu'à ce qu'elle épaississe. Toujours en fouettant, incorporez le sucre et l'extrait de vanille. Continuez de fouetter jusqu'à ce que la crème forme de légers pics. Versez la moitié de la crème dans un autre saladier et mélangez avec le café dilué.

4 Versez le reste de crème sur la garniture, puis répartissez uniformément la crème fraîche fouettée au café par-dessus. Formez quelques volutes décoratives avec la lame arrondie d'un couteau. Saupoudrez de copeaux de chocolat et laissez refroidir au réfrigérateur jusqu'au moment de servir.

Le bon truc

Conservez votre sucre roux bien emballé au réfrigérateur. En fondant, il sera moins dur, ce qui évitera la formation de gros grumeaux. S'il forme déjà des grumeaux, passez-le quelques secondes au micro-ondes.

Le bon truc

Grâce au fond de tarte prêt à l'emploi, vous impressionnerez vos amis avec ce dessert rapide.

INGRÉDIENTS
Pour 4 à 6 personnes

Un fond de tarte sucré de 23 cm de diamètre

Pour la garniture
125 g de chocolat noir en morceaux
175 g de beurre doux
25 g de sucre roux
1 cuil. à café d'extrait de vanille
3 cuil. à soupe de café noir bien fort

Pour le nappage
600 ml de crème fraîche épaisse
50 g de sucre glace
2 cuil. à café de café d'extrait de vanille
1 cuil. à café de café instantané dilué dans une cuil. à café d'eau bouillante puis refroidie
copeaux de chocolat noir et de chocolat blanc pour la décoration

Petits puddings à la vapeur

1 Préchauffez le four à 180 °C (th. 5), 10 minutes à l'avance. Graissez légèrement 8 moules à pudding individuels de 175 ml et garnissez leur fond de papier sulfurisé. Battez le beurre et 50 g de sucre en pommade, avec la noix de muscade, pour obtenir un mélange léger et mousseux.

2 Tamisez la farine et le cacao en poudre avant de les incorporer à la pommade. Battez les jaunes d'œufs et mélangez vigoureusement. Ajoutez ensuite la poudre d'amandes et la chapelure.

3 Montez les blancs en neige dans un saladier propre, jusqu'à ce qu'ils soient bien fermes et forment de petits pics avant d'ajouter petit à petit le reste du sucre. Avec une cuiller en métal, incorporez délicatement un

quart des blancs dans la préparation au chocolat jusqu'à ce que le mélange soit homogène, puis rajoutez le reste des blancs.

4 Garnissez les moules de cette préparation jusqu'aux deux tiers pour la laisser lever. Couvrez avec une double feuille de papier d'aluminium bien fixée au bord par de la ficelle. Posez les moules à pudding sur une plaque à rôtir remplie d'eau. Les moules doivent baigner jusqu'à mi-hauteur.

5 Enfournez 30 minutes à mi-hauteur, jusqu'à ce que les puddings soient fermes au toucher. Retirez du four, détachez les bords et démoulez sur des assiettes chaudes. Servez immédiatement en agrémentant d'une cuillerée de yaourt grec et de copeaux de chocolat.

INGRÉDIENTS
Pour 8 petits puddings

150 g de beurre doux ramolli
175 g de sucre roux
1/2 cuil. à café de noix de muscade fraîchement râpée
25 g de farine tamisée
4 cuil. à soupe de cacao en poudre tamisée
5 œufs moyens, jaunes et blancs séparés
125 g de poudre d'amandes
50 g de chapelure

Pour servir
yaourt grec
copeaux de chocolat à l'orange

Le bon truc

Vous trouverez dans le commerce des moules à pudding en plastique souple. Le démoulage n'en sera que plus facile. Vous libérerez le pudding d'une simple pression.

Tarte poire-chocolat

1 Préchauffez le four à 190 °C (th. 5), 10 minutes à l'avance. Graissez légèrement un moule à génoise de 22 cm avec 15 g de beurre et saupoudrez le fond de sucre roux. Disposez en étoile les moitiés de poires sur le sucre, la partie coupée sur le dessous. Comblez les espaces entre les poires avec les demi-cerneaux de noix, la partie plate sur le dessus.

2 Battez le beurre restant avec le sucre de canne. Ajoutez les œufs un par un en incorporant une cuillerée de farine après chaque œuf. Après incorporation des œufs, versez en pluie la farine restante et mélangez.

3 Tamisez le cacao en poudre et la levure chimique, puis ajoutez-les à la préparation crémeuse avec 1 ou 2 cuillerées à soupe du sirop de poire pour obtenir un mélange lisse et onctueux.

4 Nappez les poires de ce mélange, puis lissez en surface. Mettez au four 20 à 25 minutes, jusqu'à ce que la pâte ait levé et que la croûte soit élastique. Elle doit reprendre sa forme quand on appuie dessus.

5 Retirez du four et laissez tiédir 5 minutes. Avec la lame d'une spatule, décollez les bords et démoulez sur un plat à gâteau. Servez avec de la crème anglaise au chocolat.

INGRÉDIENTS
Pour 6 personnes

140 g de beurre ramolli
2 cuil. à soupe de sucre roux
400 g de poires au sirop coupées en deux et égouttées (réservez le sirop)
25 g de cerneaux de noix coupés en deux
125 g de sucre blond de canne
2 œufs moyens battus
75 g de farine tamisée avec levure incorporée
50 g de cacao en poudre
1 cuil. à café de levure incorporée chimique
crème anglaise au chocolat prête à l'emploi, pour servir

Le bon truc

Pour faire ramollir rapidement le beurre ou la margarine, versez de l'eau très chaude dans un grand saladier pour le réchauffer quelques minutes. Jetez l'eau et essuyez. Coupez le beurre ou la margarine en petits dés et laissez quelque temps à température ambiante. N'essayez pas de les faire fondre au micro-ondes. Votre matière grasse deviendrait huileuse, ce qui gâcherait la consistance du gâteau, une fois cuit.

Une question de goût

Vous pouvez remplacer les poires au sirop par des fruits frais.
Dans ce cas, après avoir épluché les poires, il faudra d'abord les pocher dans un sirop léger, pour qu'elles ne prennent pas une couleur brunâtre à la cuisson.

Gâteau moelleux à la pêche

1 Préchauffez le four à 170 °C (th. 4), 10 minutes à l'avance. Graissez légèrement un plat allant au four.

2 Mettez le chocolat coupé en morceaux et le beurre en petits dés dans un petit récipient résistant à la chaleur, placé au-dessus d'une casserole d'eau frémissante. Veillez à ce que le fond du récipient ne soit pas en contact avec l'eau et laissez fondre. Retirez le récipient du feu et remuez jusqu'à obtenir une pâte lisse.

3 Battez les jaunes d'œufs avec le sucre jusqu'à ce que le mélange soit épais et crémeux. Mélangez légèrement cette préparation avec le chocolat et le beurre fondus.

4 Montez les blancs d'œufs en neige ferme dans un saladier propre ne comportant aucune trace de graisse. Incorporez ensuite deux cuillerées à soupe de blancs d'œufs dans le mélange au chocolat. Mélangez bien, puis versez le reste des blancs et incorporez très délicatement.

5 Ajoutez les pêches et la cannelle à cette préparation. Garnissez le plat sans lisser pour garder une surface irrégulière.

6 Mettez au four 35 à 40 minutes, jusqu'à ce que la pâte ait levé et soit juste ferme au toucher. Saupoudrez le gâteau de sucre glace et servez immédiatement en agrémentant d'une cuillerée de crème fraîche.

INGRÉDIENTS
Pour 6 personnes

200 g de chocolat noir
125 g de beurre doux
4 œufs moyens, jaunes et blancs
   séparés
125 g de sucre en poudre
425 g de pêches au sirop coupées
   en deux et égouttées
1/2 cuil. à café de cannelle
   en poudre
1 cuil. à soupe de sucre glace,
   tamisé, pour la décoration
crème fraîche, pour servir

Le bon truc

La texture de ce gâteau est extrêmement légère car il ne contient pas de farine. Il est essentiel d'incorporer les ingrédients très délicatement pour lui garder sa structure aérée.

Entremets surprise au chocolat

1 Préchauffez le four à 180 °C (th. 5) 10 minutes à l'avance. Graissez légèrement un moule à soufflé de 1,4 litre. Tamisez la farine et le cacao en poudre dans un grand saladier, puis ajoutez le sucre en poudre, le chocolat à la menthe cassé en morceaux et formez un puits au centre.

2 Battez le lait, l'extrait de vanille, et le beurre fondu avant d'incorporer l'œuf. Versez dans le puits en mélangeant au fur et à mesure, et en ramenant les ingrédients secs vers le centre.

Battez vigoureusement jusqu'à obtenir un mélange homogène. Garnissez le moule à soufflé de cette préparation.

3 Pour la sauce, mélangez le sucre roux et le cacao en poudre dans un peu d'eau et couvrez-en l'entremets. Versez délicatement de l'eau chaude sur celui-ci, sans mélanger.

4 Passez au four 35 à 40 minutes, jusqu'à ce que la pâte soit ferme au toucher et qu'une sauce se soit formée dans le fond. Décorez avec des feuilles de menthe et servez immédiatement.

INGRÉDIENTS
Pour 6 à 8 personnes

150 g de farine avec levure
  incorporée
25 g de cacao en poudre
200 g de sucre de canne
75 g de chocolat à la menthe
  en morceaux
175 ml de lait entier
2 cuil. à café d'extrait de vanille
50 g de beurre doux, fondu
1 œuf moyen
quelques feuilles de menthe fraîche
  pour la décoration

Pour la sauce
175 g de sucre roux
125 g de cacao en poudre
600 ml d'eau très chaude

Le bon truc

Il ne faut pas oublier que chaque four est différent. Jetez un œil sur votre gâteau 10 minutes avant la fin du temps de cuisson. S'il est cuit, pensez à mettre une note en marge de votre recette, surtout si vous possédez un four à chaleur tournante, plus chaud de 10 à 20 degrés que les fours traditionnels. La plupart des gâteaux et des puddings gagneront à être enfournés, bien centrés, sur la grille du milieu.

Un peu d'info

La surprise vient du fait que cette préparation se désolidarise à la cuisson, offrant d'une part un biscuit légèrement collant, et de l'autre, une sauce au chocolat onctueuse.

Mousse au chocolat blanc et à la cardamome

1 Pincez légèrement les gousses de cardamome pour qu'elles s'ouvrent. Recueillez les graines et écrasez-les légèrement au pilon dans un mortier. Versez le lait dans une petite casserole avec les graines écrasées et les feuilles de laurier. Portez doucement à ébullition à feu moyen. Retirez du feu, couvrez et laissez infuser au moins 1/2 heure dans un endroit chaud.

2 Cassez le chocolat en petits morceaux et mettez à fondre dans un récipient résistant au feu placé au-dessus d'une casserole d'eau frémissante. Veillez à ce que le fond du récipient ne soit pas en contact avec l'eau. Quand le chocolat a fondu, retirez le récipient du feu et remuez jusqu'à obtenir une pâte lisse.

3 Fouettez la crème fraîche jusqu'à ce qu'elle épaississe sans toutefois former des pics. Réservez. Montez les œufs en neige ferme dans un saladier ne comportant aucune trace de graisse. Les blancs doivent former des pics au bout du fouet.

4 Passez le lait au chinois et versez-le dans le chocolat fondu et tiédi. Battez jusqu'à ce que le mélange soit lisse. À l'aide d'une grande cuiller en métal, incorporez délicatement cette préparation aux blancs montés en neige. Ajoutez la crème fouettée et incorporez à nouveau délicatement.

5 Garnissez un plat à dessert ou des coupes individuelles. Laissez refroidir au réfrigérateur 3 à 4 heures. Saupoudrez d'un peu de cacao en poudre tamisé juste avant de servir.

INGRÉDIENTS
Pour 4 à 6 coupes

6 gousses de cardamome
125 ml de lait
3 feuilles de laurier
200 g de chocolat blanc
300 ml de crème fraîche
3 blancs d'œufs moyens
1 à 2 cuil. à café de cacao en poudre tamisé pour le saupoudrage

Une question de goût

Le chocolat et les épices se marient très bien ensemble, comme en témoigne cette recette. Le chocolat blanc forme un accord parfait avec des épices comme la cardamome. Le chocolat noir et le chocolat au lait, quant à eux, préféreront la cannelle.

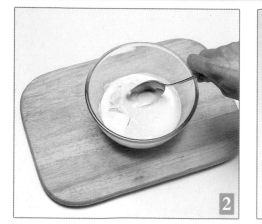
2

3

4

Pudding aux pépites de chocolat

1 Graissez légèrement un saladier de 1 litre et garnissez le fond de papier sulfurisé. Tamisez la farine et la levure incorporée chimique dans un autre récipient avec la chapelure, la graisse de bœuf et le sucre. Mélangez bien le tout.

2 Ajoutez l'extrait de vanille et les pépites de chocolat avec les œufs et mélangez avec du lait froid jusqu'à ce que le tout soit lisse et onctueux.

3 Garnissez le saladier de cette préparation et couvrez avec une double feuille de papier sulfurisé, puis avec une double feuille de papier d'aluminium ou avec un petit torchon. Repliez le papier sur le dessus pour permettre à la pâte de gonfler. Maintenez cette double couverture avec de la ficelle.

4 Placez le saladier dans un cuiseur-vapeur posé au-dessus d'une casserole d'eau bouillante. Laissez cuire 1 h 30 à 2 heures, jusqu'à ce que le pudding soit ferme au toucher. Vérifiez le niveau d'eau et en rajouter si nécessaire. Retirez du feu et laissez reposer 5 minutes avant de démouler sur le plat de service.

5 Pendant la cuisson du pudding, préparez la crème anglaise au chocolat. Délayez la farine de maïs et le cacao en poudre avec un peu de lait. Vous obtenez une pâte sur laquelle vous ajoutez le lait qui reste avec le sucre et l'extrait de vanille. Portez à ébullition dans une casserole tout en remuant. Battez les jaunes d'œufs et laissez sur le feu 1 minute. Décorez le pudding de copeaux de chocolat et servez avec la crème anglaise.

INGRÉDIENTS
Pour 6 personnes

175 g de farine
1/2 cuil. à café de levure chimique
75 g de chapelure
125 g de graisse de bœuf hachée
125 g de sucre blond de canne
2 œufs moyens légèrement battus
1 cuil. à café d'extrait de vanille
125 g de pépites de chocolat
150 ml de lait froid
quelques copeaux de chocolat
   pour la décoration

Pour la crème anglaise au chocolat
300 ml de lait
1 cuil. à soupe de farine de maïs
1 cuil. à soupe de cacao en poudre
1 cuil. à soupe de sucre en poudre
1/2 cuil. à café d'extrait de vanille
1 jaune d'œuf moyen

Le bon truc

La farine de maïs permet de stabiliser la crème anglaise. Si votre crème commence à prendre à la cuisson, retirez immédiatement du feu et transvasez-la dans un saladier propre pour qu'elle ne continue pas à cuire. Fouettez alors la crème pendant 1 à 2 minutes, le temps qu'elle redevienne lisse.

1

2

5

Coupe glacée au chocolat fondant

1 Pour la sauce, mettez le chocolat et la crème fraîche dans une casserole à fond épais et laissez fondre à feu doux jusqu'à ce que le chocolat et la crème fraîche forment une préparation homogène et lisse. Mélangez le sucre avec la farine et le sel, puis ajoutez suffisamment de la préparation pour obtenir une pâte lisse.

2 Incorporez petit à petit le reste de la préparation à cette pâte, puis transvasez le tout dans une casserole propre. Laissez cuire à petit feu en remuant fréquemment jusqu'à ce que le mélange soit lisse et épais. Retirez du feu, puis ajoutez le beurre et l'extrait de vanille. Mélangez

à nouveau jusqu'à ce que cette préparation soit lisse.

3 Pour préparer la glace, aplatissez légèrement les framboises à la fourchette et réservez. Déposez une ou deux cuillerées de la sauce au chocolat dans le fond de deux coupes. Couvrez d'une couche de framboises, et complétez d'une boule de glace au chocolat et d'une boule de glace à la vanille.

4 Terminez par la deuxième boule de glace à la vanille. Nappez avec la sauce, saupoudrez de quelques amandes effilées et plantez une gaufrette éventail avant de servir.

INGRÉDIENTS
Pour 2 coupes

Pour le fondant
75 g de chocolat noir en morceaux
450 ml de crème fraîche
175 g de sucre blond de canne
25 g de farine
1 pincée de sel
15 g de beurre doux
1 cuil. à café d'extrait de vanille

Pour la glace
125 g de framboises, fraîches ou décongelées
4 boules de glace à la vanille
2 boules de glace au chocolat maison (voir p. 116)
2 cuil. à soupe d'amandes effilées, grillées

quelques gaufrettes éventail pour décorer

Le bon truc

S'il vous reste de la sauce, vous pouvez la conserver 1 à 2 semaines au réfrigérateur. Il suffira de la réchauffer juste avant de servir.

La glace se conservera jusqu'à 1 mois dans le compartiment congélation du réfrigérateur ou 2 mois au congélateur à une température de − 18 °C. Si vous utilisez de la glace maison, laissez-la ramollir au réfrigérateur une trentaine de minutes avant l'emploi.

Glace au chocolat

1 Mettez le congélateur en position de congélation rapide 2 heures à l'avance. Placez la crème fraîche légère et le chocolat dans une casserole à fond épais et faites chauffer à feu doux le temps que le chocolat fonde, en veillant à ne pas laisser bouillir. Remuez jusqu'à obtenir une pâte lisse, puis enlevez du feu.

2 Dans un saladier, fouettez les œufs, les jaunes d'œufs et le sucre (réservez 1 cuillerée à soupe de sucre) jusqu'à ce que le mélange blanchisse et épaississe.

3 Versez dans cette préparation le mélange chocolat et crème fraîche ainsi que l'extrait de vanille et fouettez. Placez le saladier au-dessus d'une casserole d'eau frémissante et continuez à fouetter jusqu'à ce que la pâte épaississe. Pour vérifier qu'elle est à point, trempez une cuiller dedans et passez un doigt sur le dos de la cuiller. S'il laisse une trace nette et propre, la consistance est parfaite.

4 Rafraîchissez le saladier dans de l'eau froide. Saupoudrez la surface du sucre restant pour éviter la formation d'une pellicule lors du refroidissement. Fouettez la crème épaisse jusqu'à ce qu'elle soit bien ferme, puis incorporez-la à la crème au chocolat, toujours en fouettant.

5 Versez ce mélange dans un récipient rigide et mettez au congélateur 1 heure. À ce moment-là, battez-le vigoureusement à l'aide d'une cuiller en bois pour casser les cristaux de glace et remettez-le au congélateur.

6 Au bout de 1 heure, sortez la crème glacée du congélateur et battez à nouveau.

7 Répétez cette opération une fois ou deux, puis laissez la crème au congélateur jusqu'à ce qu'elle soit complètement glacée. Pour une consistance idéale, mettez la crème glacée au réfrigérateur 30 minutes avant de servir.

8 Sortez la crème du réfrigérateur et parsemez-la des noix concassées et du chocolat râpé. Décorez avec les amours en cage. N'oubliez pas de remettre le congélateur en position de congélation normale.

INGRÉDIENTS
Pour 1 litre de glace

450 ml de crème fraîche légère
200 g de chocolat noir
2 œufs moyens
2 jaunes d'œufs moyens
125 g de sucre
1 cuil. à café d'extrait de vanille
300 ml de crème fraîche épaisse

Pour décorer

noix concassées (amandes, noisettes, noix…)
chocolat noir et chocolat blanc grossièrement râpé
quelques physalis (amours en cage)

Le bon truc

Lorsque vous battez la crème glacée, il est normal qu'elle fonde un peu. Cette opération est indispensable pour briser les gros cristaux de glace qui se forment et pour obtenir une crème glacée parfaitement lisse et douce au palais.

Diplomate au chocolat blanc

1 Placez les tranches de gâteau roulé dans un grand saladier et arrosez-les avec le cognac, la crème de liqueur irlandaise et un peu de sirop de cerises pour les imbiber. Disposez les cerises au-dessus.

2 Versez 600 ml de crème fraîche dans une casserole avec le chocolat blanc. Faites chauffer à feu très doux car le mélange ne doit pas frémir. Fouettez ensemble dans un petit saladier les jaunes d'œufs, le sucre, la farine de maïs et l'extrait de vanille.

3 Incorporez progressivement ce mélange à la crème au chocolat chaude, puis transvasez dans une casserole propre et remettez sur le feu.

4 Faites cuire à feu doux en remuant bien jusqu'à ce que cette crème anglaise épaississe et nappe le dos d'une cuiller.

5 Laissez tiédir, puis versez sur le gâteau roulé. Mettez au réfrigérateur au moins 3 à 4 heures, si possible une nuit complète.

6 Avant de servir, fouettez vigoureusement le reste de crème fraîche et versez-la sur le gâteau. Avec le dos d'une cuiller, dessinez des motifs décoratifs dans la crème fraîche. Saupoudrez du chocolat râpé, blanc et au lait, et servez.

INGRÉDIENTS
Pour 6 personnes

1 gâteau roulé fait maison ou tout prêt, coupé en tranches

4 cuil. à soupe de cognac

2 cuil. à soupe d'Irish cream liqueur (crème de liqueur irlandaise)

425 g de cerises noires en conserve, égouttées et dénoyautées, réservez 3 cuil. à soupe de sirop

900 ml de crème fraîche épaisse

125 g de chocolat blanc cassé en morceaux

6 jaunes d'œufs moyens

50 g de sucre

2 cuil. à café de farine de maïs

1 cuil. à café d'extrait de vanille

50 g de chocolat noir râpé

50 g de chocolat au lait râpé

Le bon truc

Il est essentiel pour réussir une crème anglaise de ne pas la laisser bouillir après l'addition des œufs, sinon la crème aura des allures d'œufs brouillés et sera inutilisable. Faites cuire à feu très doux, en remuant sans cesse et en vérifiant la consistance à intervalles réguliers.

Éclairs au chocolat blanc

1 Préchauffez le four à 190 °C (th. 5) 10 minutes à l'avance. Graissez légèrement une plaque à pâtisserie. Faites chauffer le beurre dans une casserole avec 150 ml d'eau. Une fois qu'il est fondu, portez à ébullition.

2 Enlevez la casserole du feu et ajoutez immédiatement la totalité de la farine. Remuez énergiquement avec une cuiller en bois jusqu'à former une boule au milieu de la casserole. Laissez refroidir 3 minutes.

3 Ajoutez progressivement les œufs, en battant au fur et à mesure jusqu'à obtenir une pâte lisse, luisante et assez fluide pour sortir par pressions de la poche à douille.

4 Versez la préparation dans une poche munie d'une douille standard. Aspergez d'eau la plaque à pâtisserie graissée. Avec la poche à douille, formez dessus des boudins de pâte de 7 à 8 cm de longueur. Coupez nettement la longueur désirée avec un couteau.

5 Mettez au four 18 à 20 minutes, jusqu'à ce que la pâte ait levé et soit dorée. Pratiquez une fente le long de chaque éclair pour laisser échapper la vapeur.

6 Remettez les éclairs à sécher au four 2 minutes. Transférez-les sur une grille métallique et laissez refroidir.

7 Coupez les fruits de la passion en deux. À l'aide d'une petite cuiller, évidez 4 fruits de la passion et placez la pulpe dans un saladier. Ajoutez la crème fraîche, le kirsch et le sucre glace et fouettez en crème ferme. Garnissez-en délicatement les éclairs, à la cuiller ou à la poche à douille.

8 Faites fondre le chocolat dans un petit récipient résistant à la chaleur, placé au-dessus d'une casserole d'eau frémissante et remuez jusqu'à obtenir une pâte lisse.

9 Laissez tiédir le chocolat, puis nappez-en les éclairs. Évidez les fruits de la passion restants, passez la pulpe au chinois. Versez un filet de ce jus sur les éclairs avant de servir.

INGRÉDIENTS
Pour 7 à 8 personnes

50 g de beurre doux
60 g de farine tamisée
2 œufs moyens légèrement battus
6 fruits de la passion bien mûrs
300 ml de crème fraîche épaisse
3 cuil. à soupe de kirsch
1 cuil. à soupe de sucre glace
125 g de chocolat blanc cassé
  en morceaux

Un peu d'info

On trouve facilement des fruits de la passion dans les grandes surfaces. Ce sont de petits fruits ronds, violacés, dont la peau doit être ridée. S'ils sont lisses, cela signifie qu'ils ne sont pas mûrs, donc qu'ils ont peu de goût et peu de jus.

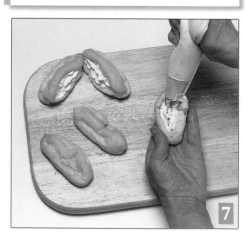

Roulé noix de coco-chocolat

1 Préchauffez le four à 180 °C (th. 5) 10 minutes à l'avance. Graissez une plaque à pâtisserie à rebord de 33 x 23 cm et garnissez-la d'une feuille de papier sulfurisé. Saupoudrez 2 cuillerées à soupe de sucre sur une grande feuille de papier sulfurisé.

2 Placez les jaunes d'œufs dans un saladier avec le reste de sucre, posez le saladier au-dessus d'une casserole d'eau frémissante et fouettez jusqu'à ce que le mélange blanchisse et épaississe. Incorporez avec précaution le cacao en poudre tamisé.

3 Battez les blancs en neige ferme dans un saladier propre, ne comportant aucune trace de graisse. Incorporez délicatement 1 cuillerée de blancs d'œufs battus dans le chocolat, puis le reste de blancs d'œufs. Versez le mélange sur la plaque à pâtisserie préparée, en le lissant bien dans les coins. Mettez au four 20 à 25 minutes, jusqu'à ce que la pâte ait levé et soit souple au toucher.

4 Démoulez le gâteau sur le papier sulfurisé couvert de sucre et retirez doucement le papier de fond. Recouvrez d'un torchon humide et laissez refroidir.

5 Pour la garniture, versez la crème fraîche et le whisky dans un saladier et fouettez en crème ferme. Râpez dessus la crème à la noix de coco réfrigérée, ajoutez le sucre glace et remuez délicatement. Découvrez le gâteau, nappez-le des 3/4 de la préparation à la noix de coco et roulez-le. Versez le reste de crème sur le dessus, saupoudrez de noix de coco et servez.

INGRÉDIENTS
Pour 8 personnes

150 g de sucre roux
5 œufs moyens, blancs et jaunes séparés
50 g de cacao en poudre

Pour la garniture
300 ml de crème fraîche épaisse
3 cuil. à soupe de whisky
50 g de crème à la noix de coco réfrigérée
2 cuil. à soupe de sucre glace
noix de coco grossièrement râpée et grillée

Le bon truc

Faites très attention en roulant le gâteau car la pâte de cette recette se casse très facilement.

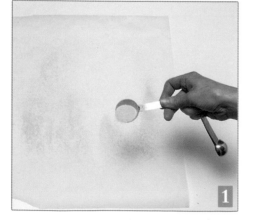

Crêpes au chocolat

1 Préchauffez le four à 200 °C (th. 6) 15 minutes à l'avance. Pour confectionner les crêpes, tamisez la farine, le cacao en poudre, le sucre et la noix de muscade dans un saladier et faites un puits au centre. Battez ensemble les œufs et le lait, puis incorporez progressivement à la préparation de farine pour former une pâte. Incorporez 50 g de beurre fondu et laissez reposer 1 heure.

2 Faites chauffer une poêle anti-adhésive de 18 x 18 cm et badigeonnez-la de beurre fondu. Ajoutez environ 3 cuillerées à soupe de pâte et étalez en tournant pour couvrir le fond de la poêle. Faites cuire à feu moyen 1 à 2 minutes, retournez ou faites sauter la crêpe et laissez cuire encore 40 secondes. Répétez l'opération jusqu'à épuisement de la pâte. Empilez les crêpes en intercalant du papier sulfurisé.

3 Pour la sauce, placez la mangue, le vin blanc et le sucre dans une casserole et portez à ébullition à feu moyen, puis laissez frémir

2 à 3 minutes en remuant sans arrêt. Quand le mélange a épaissi, ajoutez le rhum. Faites rafraîchir au réfrigérateur.

4 Pour la garniture, faites fondre à feu moyen le chocolat et la crème fraîche dans une petite casserole à fond épais. Remuez jusqu'à obtenir une pâte lisse et laissez refroidir. Battez les jaunes d'œufs avec le sucre 3 à 5 minutes, jusqu'à ce que le mélange blanchisse et devienne crémeux, puis incorporez le chocolat fondu en battant.

5 Battez les blancs d'œufs en neige ferme, que vous incorporez progressivement à la préparation au chocolat. Étalez un peu de cette crème sur une crêpe, pliez-la en deux et à nouveau en deux pour former un triangle. Procédez de la même façon pour toutes les crêpes.

6 Badigeonnez les crêpes d'un peu de beurre fondu et mettez au four 15 à 20 minutes, jusqu'à ce que la garniture ait pris. Servez chaud ou froid avec la sauce à la mangue.

INGRÉDIENTS
Pour 6 crêpes

Pour les crêpes
75 g de farine
1 cuil. à soupe de cacao en poudre
1 cuil. à café de sucre
1 cuil. à café de noix de muscade fraîchement râpée
2 œufs moyens
175 ml de lait
75 g de beurre doux fondu

Pour la sauce à la mangue
1 mangue bien mûre, épluchée et coupée en dés
50 ml de vin blanc
2 cuil. à soupe de sucre roux
2 cuil. à soupe de rhum

Pour la garniture
225 g de chocolat noir
75 ml de crème fraîche épaisse
3 œufs, jaune et blanc séparés
25 g de sucre roux

Pavlova chocolatée aux baies rouges

1 Préchauffez le four à 110 °C (th. 1) 5 minutes à l'avance et garnissez une plaque à pâtisserie de papier sulfurisé. Placez dans le robot les noisettes avec 2 cuillerées à soupe de sucre et réduisez-les en poudre. Ajoutez le chocolat et remixez pour hacher grossièrement le chocolat.

2 Dans un saladier, montez les blancs d'œufs salés en neige ferme. Incorporez progressivement le reste de sucre, cuillerée par cuillerée, et continuez à battre jusqu'à ce que la meringue soit ferme et luisante. Incorporez la farine de maïs et le vinaigre de vin blanc au mélange chocolat et noisettes.

3 Répartissez la pâte sur le papier sulfurisé en 8 petits tas d'environ 10 cm de diamètre. Ne vous souciez pas de la perfection de leur forme. Créez un léger creux au centre de chaque petit monticule et mettez au four 1 h 30. Éteignez le four et laissez refroidir à l'intérieur.

4 Pour la garniture, battez la crème fraîche jusqu'à ce qu'elle soit bien ferme. Dans un autre saladier, battez le mascarpone pour le ramollir, puis mélangez avec la crème fouettée. À la cuiller, versez un peu de cette préparation dans le creux de chaque meringue. Posez dessus les fruits frais. Décorez avec quelques copeaux de chocolat et servez.

INGRÉDIENTS
Pour 8 meringues

125 g de noisettes grillées
125 g de sucre roux
75 g de chocolat noir cassé en morceaux
2 blancs d'œufs moyens
1 pincée de sel
1 cuil. à café de farine de maïs
1/2 cuil. à café de vinaigre de vin blanc
copeaux de chocolat pour décorer

Pour la garniture

150 ml de crème fraîche épaisse
150 g de mascarpone (fromage blanc italien)
fruits d'été (fraises, framboises, groseilles…), lavés et préparés

Le bon truc

Pour confectionner des copeaux de chocolat, faites fondre le chocolat au-dessus de l'eau chaude et versez-le sur une plaque de marbre froide. Laissez figer le chocolat sans qu'il durcisse, puis posez la lame d'un grand couteau en biais sur la couche de chocolat et poussez-la avec les deux mains pour former des copeaux. Vous pouvez aussi utiliser une râpe à fromage.

Cheesecake aux trois chocolats

1 Préchauffez le four à 180 °C (th. 5) 10 minutes à l'avance. Graissez légèrement un moule à manqué rond de 23 x 7,5 cm.

2 Pour le fond de tarte, mélangez les biscuits écrasés et le beurre fondu. Tassez au fond du moule et laissez prendre. Faites rafraîchir au réfrigérateur.

3 Placez le chocolat blanc et la crème fraîche dans une petite casserole à fond épais. Faites fondre à feu doux. Mélangez pour obtenir une pâte lisse et réservez.

4 Battez ensemble le sucre et les œufs jusqu'à ce que le mélange blanchisse et devienne crémeux, ajoutez le fromage frais sucré et battez jusqu'à obtenir une pâte lisse et sans grumeaux.

5 Incorporez la crème de chocolat blanc et la farine de maïs à la préparation au fromage frais, en remuant.

6 Ajoutez le chocolat noir et le chocolat au lait et remuez délicatement pour obtenir un mélange homogène.

7 Versez la préparation sur le fond de tarte, placez le moule sur une plaque au four, faites cuire 1 heure.

8 Éteignez le four, ouvrez la porte et laissez le gâteau refroidir dans le four. Mettez-le ensuite au réfrigérateur au moins 6 heures avant de démouler. Coupez en tranches et disposez sur des assiettes de service. Accompagnez de fromage blanc bien frais.

INGRÉDIENTS
Pour 6 personnes

Pour le fond de tarte
150 g de biscuits sablés écrasés
50 g de beurre fondu

Pour la garniture
75 g de chocolat blanc en gros morceaux
300 ml de crème fraîche épaisse
50 g de sucre
3 œufs moyens battus
400 g de fromage blanc entier sucré
2 cuil. à soupe de farine de maïs
75 g de chocolat noir en gros morceaux
75 g de chocolat au lait en gros morceaux
fromage blanc pour accompagner

Le bon truc

Laisser le gâteau refroidir dans le four permet d'éviter la formation de craquelures sur le dessus. Néanmoins, ne vous inquiétez pas si la surface se fendille, cela n'affectera pas la saveur du cheesecake.

Fondant au caramel et aux fruits

1 Graissez légèrement 4 ramequins individuels de 200 ml et saupoudrez d'un peu de sucre de canne. Placez au fond de chacun quelques quartiers d'orange surmontés d'une cuillerée d'airelles.

2 Battez le reste de sucre de canne et la margarine jusqu'à obtenir un mélange léger et mousseux. Incorporez progressivement les œufs, en ajoutant 1 cuillerée de farine après chaque addition d'œuf, toujours en battant. Tamisez ensemble le reste de farine, la levure chimique et le cacao en poudre, puis incorporez-les à la préparation avec 1 cuillerée d'eau tiède pour obtenir une consistance fluide. Versez cette préparation à la cuiller dans les ramequins.

3 Couvrez chaque ramequin d'une double feuille de papier sulfurisé repliée sur le dessus et attachez avec une ficelle. Recouvrez d'une double feuille de papier d'aluminium, avec également une pliure au centre pour permettre à la pâte de gonfler, et là

encore, maintenez le papier avec de la ficelle. Placez les ramequins dans un cuiseur-vapeur et faites cuire à eau frémissante 45 minutes, jusqu'à ce que la pâte soit ferme au toucher. Pensez à vérifier fréquemment le niveau d'eau du cuiseur-vapeur et à en rajouter si nécessaire. En fin de cuisson, sortez les ramequins du cuiseur-vapeur et laissez reposer 5 minutes. Glissez une lame de couteau le long du bord des ramequins et démoulez sur des assiettes de service.

4 Pendant la cuisson, préparez la sauce au chocolat. Faites fondre le chocolat et le beurre dans un récipient résistant à la chaleur, placé au-dessus d'une casserole d'eau frémissante. Ajoutez le sucre et le caramel liquide et remuez jusqu'à ce qu'ils aient fondu. Incorporez alors le lait et continuez à faire cuire en remuant souvent, jusqu'à ce que la sauce épaississe. Décorez avec quelques copeaux de chocolat et servez avec la sauce.

INGRÉDIENTS
Pour 4 ramequins

125 g de sucre brun
1 orange épluchée et séparée
  en quartiers
75 g d'airelles fraîches
  ou décongelées
125 g de margarine à cuire
2 œufs moyens
75 g de farine
1/2 cuil. à café de levure chimique
3 cuil. à soupe de cacao en poudre
copeaux de chocolat pour décorer

Pour la sauce au chocolat

175 g de chocolat noir cassé
  en morceaux
50 g de beurre
50 g de sucre
2 cuil. à soupe de caramel liquide
200 ml de lait

Le bon truc

Vous pouvez préparer les ramequins à l'avance : démoulez et réchauffez au micro-ondes à la température maxi.

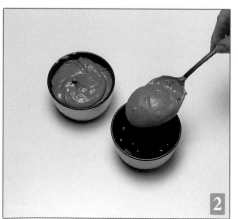

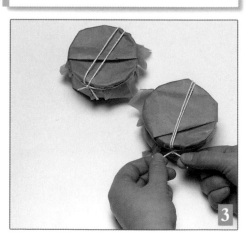

Tarte au chocolat et aux Chamallows®

1 Préchauffez le four à 180 °C (th. 5) 10 minutes à l'avance. Graissez légèrement un moule à tarte de 18 cm.

2 Placez les biscuits dans un sac en plastique et écrasez-les au rouleau à pâtisserie. Vous pouvez aussi les réduire en très fines miettes au robot.

3 Faites fondre le beurre dans une casserole de taille moyenne, ajoutez les biscuits écrasés et mélangez. Versez ce mélange au fond du moule, tassez et faites rafraîchir au réfrigérateur.

4 Faites fondre dans une casserole 125 g de chocolat avec les Chamallows® et 2 cuillerées d'eau, à feu doux en remuant sans cesse. Laissez tiédir, puis incorporez le jaune d'œuf en battant vigoureusement. Remettez au réfrigérateur.

5 Montez les blancs d'œufs en neige ferme, puis incorporez à la préparation au chocolat.

6 Fouettez légèrement la crème fraîche et incorporez-en les 3/4 à la préparation au chocolat. Réservez le reste. Versez la crème au chocolat dans le moule et laissez prendre au réfrigérateur.

7 Au moment de servir, nappez la tarte du reste de crème et dessinez un motif décoratif avec la pointe d'un couteau. Râpez le reste de chocolat noir sur le nappage et servez.

INGRÉDIENTS
Pour 6 personnes

200 g de biscuits sablés
75 g de beurre fondu
175 g de chocolat noir
20 Chamallows®
1 œuf moyen, blanc et jaune
*   séparés*
300 ml de crème fraîche épaisse

Une question de goût

Pour une version rapide de cette recette, vous pouvez remplacer les biscuits sablés par des biscuits sablés déjà nappés de chocolat.

Gâteau de riz au chocolat

1 Préchauffez le four à 150 °C (th. 3) 10 minutes à l'avance. Préchauffez le grill au dernier moment. Mélangez progressivement le cacao en poudre avec 3 cuillerées à soupe d'eau bouillante pour obtenir une pâte souple et lisse. Placez le riz, le lait, la feuille de laurier, le zeste d'orange et la pâte de cacao dans une casserole. Portez à ébullition en remuant sans arrêt.

2 Baissez le feu et laissez frémir 20 minutes, jusqu'à ce que le riz soit moelleux. Enlevez du feu, retirez la feuille de laurier, ajoutez le chocolat blanc et remuez jusqu'à ce qu'il ait fondu.

3 Battez ensemble le sucre et les jaunes d'œufs jusqu'à ce que le mélange épaississe, puis ajoutez la crème fraîche et remuez. Incorporez ce mélange au riz avec l'extrait de vanille et remuez. Versez dans un plat peu profond beurré. Placez le plat dans un moule, ou dans un autre plat plus grand contenant de l'eau chaude. Le niveau de l'eau doit arriver à mi-hauteur du plat.

4 Mettez au four 1 h 30, jusqu'à ce que la préparation ait pris. Remuez de temps à autre au cours de la cuisson, soit en retirant la pellicule qui se forme, soit en la réincorporant dans la préparation. Sortez du moule et laissez refroidir.

5 Au moment de servir, saupoudrez de sucre blond de canne. Placez sous le grill le temps que le sucre fonde et caramélise en tournant le plat une fois ou deux. Servez immédiatement ou rafraîchissez au réfrigérateur 1 heure avant de servir.

INGRÉDIENTS
Pour 6 personnes

2 cuil. à soupe de cacao en poudre
75 g de riz rond
600 ml de lait
1 feuille de laurier
le zeste râpé de 1 orange
50 g de chocolat blanc en gros morceaux
1 cuil. à soupe de sucre roux
4 jaunes d'œufs moyens
225 ml de crème fraîche épaisse
1/2 cuil. à café d'extrait de vanille
4 cuil. à soupe de sucre blond de canne

Un peu d'info

Le riz à grains ronds, petits et opaques, est utilisé pour confectionner les puddings. Il contient beaucoup d'amidon qui se diffuse pendant la cuisson et donne sa consistance crémeuse au dessert fini. La farine de riz à grains ronds sert à épaissir les desserts.

Tarte au chocolat, à l'orange et aux pignons

1 Préchauffez le four à 200 °C (th. 6), 15 minutes à l'avance. Versez la farine, le sel et le sucre dans le bol de votre robot ainsi que le beurre. Mélangez brièvement. Ajoutez les jaunes d'œufs, deux cuillerées à soupe d'eau glacée et l'extrait de vanille. Mélangez jusqu'à la formation d'une pâte souple. Sortez la pâte du robot et pétrissez jusqu'à ce qu'elle soit bien lisse. Enveloppez-la dans du film alimentaire et laissez refroidir 1 heure au réfrigérateur.

2 Graissez légèrement un moule à tarte de 23 cm. Étalez la pâte au rouleau sur un plan fariné pour former un fond de 28 cm. Tapissez le moule de cette pâte. Aplatissez bien autour et pincez les bords. Piquez le fond à la fourchette et laissez refroidir 1 heure au réfrigérateur. Faites cuire à

blanc, 10 minutes au four. Sortez du four. Ramenez la température à 190 °C (th. 5).

3 Pour la garniture, répartissez le chocolat et les pignons sur le fond de tarte. Dans un saladier, battez les œufs, le zeste d'orange, le Cointreau et la crème fraîche jusqu'à ce que le tout soit bien mélangé. Recouvrez le chocolat et les pignons de cette préparation.

4 Passez au four 30 minutes jusqu'à ce que la pâte soit dorée et que la crème anglaise soit juste prise. Mettez à tiédir sur une grille métallique. Faites chauffer la confiture avec une cuillerée à soupe d'eau. Badigeonnez la tarte de confiture d'oranges. Servez tiède ou à température ambiante.

INGRÉDIENTS
Pour 8 à 10 personnes

Pour la pâte brisée sucrée
150 g de farine
1/2 cuil. à café de sel
3 à 4 cuil. à soupe de sucre glace
125 g de beurre doux coupé en dés
2 jaunes d'œufs moyens battus
1/2 cuil. à café d'extrait de vanille

Pour la garniture
125 g de chocolat noir en morceaux
60 g de pignons de pin légèrement grillés
2 gros œufs
le zeste râpé de 1 orange
1 cuil. à soupe de Cointreau
225 ml de crème fraîche épaisse
4 cuil. à soupe de confiture d'oranges

Un peu d'info

Le Cointreau est une liqueur parfumée à l'orange utilisée dans de nombreuses recettes. Vous pouvez le remplacer par du Grand Marnier ou une autre liqueur d'orange, si vous préférez.

Tarte aux noix de pécan

1 Préchauffez le four à 180 °C (th. 5), 10 minutes à l'avance. Étalez la pâte au rouleau sur un plan légèrement fariné, suffisamment pour tapisser un moule à tarte de 25,5 cm. Décorez le bord de la tarte en torsadant la pâte qui reste. Laissez refroidir 1 heure au réfrigérateur.

2 Réservez au moins une soixantaine de cerneaux de noix de pécan qui serviront à recouvrir la tarte, puis hachez grossièrement le reste et réservez. Faites fondre le chocolat et le beurre dans une petite casserole à feu doux ou au micro-ondes et réservez.

3 Battez les œufs et dorez le fond et les côtés de la pâte avec un peu d'œuf battu. Ajoutez les œufs, le sirop de sucre roux et l'extrait de vanille et battez à nouveau. Rajoutez les noix de pécan et battez le tout avec le chocolat fondu.

4 Garnissez le fond de tarte de cette préparation et disposez les cerneaux de noix réservés en cercles concentriques. Mettez au four 45 à 55 minutes jusqu'à ce que la garniture ait monté et qu'elle ait pris. Si le bord de la tarte cuit trop vite, couvrez-le avec des bandes de papier d'aluminium. Sortez du four et servez avec la glace à la vanille.

INGRÉDIENTS
Pour 8 à 10 personnes

225 g de pâte sablée prête à l'emploi (voir p. 136)
200 g de noix de pécan
125 g de chocolat noir en morceaux
25 g de beurre coupé en dés
3 œufs moyens
125 g de sucre roux
175 ml de sirop de sucre roux
2 cuil. à café d'extrait de vanille
glace à la vanille pour servir

Le bon truc

Conservez le chocolat dans un endroit frais et sec à l'abri de la lumière. L'idéal est une température de 20 °C ; au-delà, le chocolat transpirerait.

Le bon truc

Bien que le fond de tarte de cette recette ne soit pas cuit à blanc, la tarte ne ramollira pas. En effet, grâce au long temps de cuisson, la pâte a tout le temps de devenir croustillante.

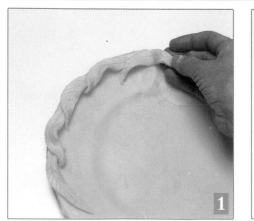

1

3

4

Tarte fondante aux poires

1 Préchauffez le four à 190 °C (th. 5), 10 minutes à l'avance. Pour confectionner la pâte, mettez le beurre, le sucre et l'extrait de vanille dans le bol de votre robot et brassez jusqu'à ce que le mélange soit crémeux. Ajoutez la farine, le cacao en poudre et remélangez jusqu'à la formation d'une pâte souple. Enveloppez la pâte dans du film alimentaire et laissez refroidir au réfrigérateur au moins 1 heure.

2 Étalez la pâte au rouleau entre deux feuilles de film alimentaire pour former un fond de 28 cm de diamètre. Enlevez le film alimentaire du dessus et retournez la pâte dans un moule à tarte légèrement huilé de 23 cm. Placez bien la pâte dans le fond et sur les côtés. Retirez le film alimentaire resté sur le dessus. Piquez ce fond à la fourchette, puis laissez refroidir 1 heure au réfrigérateur.

3 Posez une feuille de papier sulfurisé sur le fond recouvert de haricots secs. Laissez cuire à blanc 10 minutes. Retirez le papier sulfurisé et les haricots secs et repassez au four

5 minutes. Sortez du four et laissez refroidir.

4 Pour la garniture, faites fondre le chocolat, la crème fraîche et la moitié du sucre dans une casserole à feu doux tout en remuant jusqu'à obtenir une pâte lisse. Retirez du feu et laissez tiédir avant d'incorporer, en les battant, l'œuf, le jaune d'œuf et la liqueur de cacao. Répartissez cette crème sur le fond de tarte.

5 Épluchez les poires, puis coupez chaque poire en deux et retirez délicatement le cœur et les pépins. Coupez chaque moitié en fines tranches. Disposez-les en éventail, la pointe vers le centre, en exerçant une légère pression sur la crème. Mettez au four 10 minutes.

6 Ramenez la température du four à 180 °C (th. 5) et saupoudrez uniformément avec le reste du sucre. Remettez au four 20 à 25 minutes, jusqu'à ce que la crème ait pris et que les poires soient tendres et luisantes. Servez avec quelques cuillerées de crème fraîche fouettée.

INGRÉDIENTS
Pour 6 à 8 personnes

Pour la pâte au chocolat
125 g de beurre doux ramolli
60 g de sucre en poudre
2 cuil. à café d'extrait de vanille
175 g de farine tamisée
40 g de cacao en poudre

Pour la garniture
125 g de chocolat noir
  en morceaux
225 ml de crème fraîche épaisse
50 g de sucre en poudre
1 gros œuf
1 gros jaune d'œuf
1 cuil. à soupe de liqueur de cacao
3 poires bien mûres
crème fraîche fouettée pour servir

Le bon truc

Le fond en chocolat est très mou. En l'étalant entre deux feuilles de film alimentaire, il sera beaucoup plus facile à manipuler et vous n'aurez pas besoin d'ajouter de la farine.

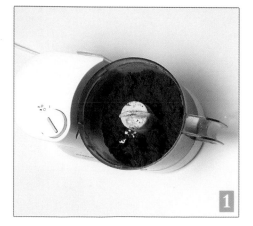

1

2

5

Cake aux deux chocolats

1 Préchauffez le four à 200 °C (th. 6), 15 minutes à l'avance. Préparez la pâte au chocolat selon la recette de la page précédente et laissez refroidir au réfrigérateur.

2 Étalez la pâte en formant un rectangle de 38 cm x 15 cm. Tapissez de cette pâte un moule rectangulaire à fond amovible et mettez à refroidir 1 heure au réfrigérateur.

3 Posez une feuille de papier sulfurisé sur le fond, recouvrez-la de haricots secs et laissez cuire 20 minutes à blanc. Retirez le papier sulfurisé et les haricots et repassez 10 minutes au four. Laissez refroidir complètement.

4 Portez la crème à ébullition. Retirez-la du feu et ajoutez le chocolat en une fois, en remuant jusqu'à ce qu'il fonde et forme une pâte lisse avec la crème fraîche. Toujours en remuant, incorporez le beurre, puis le cognac. Laissez tiédir et garnissez le fond chocolaté de cette préparation. Laissez refroidir jusqu'à ce qu'elle prenne.

5 Découpez des bandes de papier sulfurisé de 2,5 cm de large. Entrecroisez-les sur le cake et saupoudrez de sucre glace ou de cacao en poudre.

6 Décorez les bords du cake de copeaux, de feuilles ou de cigarettes de chocolat. Conservez-le au réfrigérateur et laissez-le se réchauffer à température ambiante 15 minutes avant de servir.

INGRÉDIENTS
Pour 12 à 14 personnes

pâte au chocolat (voir p. 140)
300 ml de crème fraîche épaisse
300 g de chocolat en morceaux
25 à 40 g de beurre doux coupé
   en dés
50 ml de cognac ou de toute autre
   liqueur
sucre glace ou cacao en poudre pour
   le saupoudrage

Une question de goût

Le Cointreau, le Grand Marnier, la liqueur d'amaretto, le Tia Maria et la liqueur de menthe sont autant de liqueurs qui se marieront parfaitement à cette recette.

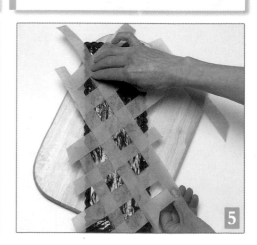

Tarte à la banane et au gingembre

1 Préchauffez le four à 190 °C (th. 5), 10 minutes à l'avance. Mettez le lait concentré dans une casserole à fond épais et laissez cuire à feu doux jusqu'à ébullition, sans cesser de remuer. Faites bouillir à petit bouillon 3 à 5 minutes, jusqu'à ce qu'il soit doré. Retirez du feu et laissez refroidir.

2 Pour la pâte sablée : dans le bol du robot, mélangez les sablés, le beurre fondu, le sucre et le gingembre. Tapissez de cette préparation le fond et les côtés d'un moule à fond amovible de 23 cm, en aplatissant avec le dos d'une cuiller. Mettez à refroidir 15 à 20 minutes au réfrigérateur, puis passez au four 5 à 6 minutes. Retirez du four et laissez refroidir.

3 Dans une casserole, faites fondre à feu doux le chocolat noir avec 150 ml de crème fraîche épaisse, le sirop de sucre roux et le beurre. Remuez jusqu'à obtenir une crème lisse. Versez délicatement cette crème sur le fond de tarte, en inclinant le moule pour répartir le chocolat en une couche régulière. Laissez refroidir au moins 1 heure au réfrigérateur, jusqu'à ce que la crème ait pris.

4 Faites chauffer 150 ml de crème fraîche, puis ajoutez le chocolat blanc. Laissez fondre jusqu'à ce que le mélange soit lisse et homogène. Ajoutez l'extrait de vanille, et transvasez le tout dans un saladier. Laissez refroidir à température ambiante.

5 Versez le lait concentré dans un récipient et fouettez jusqu'à ce qu'il soit lisse, en rajoutant une pointe de crème fraîche s'il est trop épais. Étalez le lait fouetté sur la couche de chocolat. Coupez les bananes en tranches et répartissez-les dessus.

6 Fouettez la crème fraîche qui reste jusqu'à ce qu'elle forme de légers pics. Mélangez une cuillerée de crème fraîche à la préparation au chocolat blanc, remuez et incorporez le reste de la crème fraîche. Étalez sur les bananes, du centre vers les bords. Saupoudrez de cacao en poudre et laissez refroidir au réfrigérateur jusqu'au moment de servir.

INGRÉDIENTS
Pour 8 personnes

2 boîtes de 400 g de lait concentré sucré
175 g de chocolat noir en morceaux
600 ml de crème fraîche épaisse
1 cuil. à soupe de sirop de sucre roux
25 g de beurre coupé en dés
150 g de chocolat blanc râpé ou en très petits morceaux
1 cuil. à café d'extrait de vanille
2 ou 3 bananes bien mûres
cacao en poudre pour le saupoudrage

Pour la pâte sablée au gingembre

24 à 26 sablés au gingembre grossièrement écrasés
100 g de beurre ramolli
1 ou 2 cuil. à soupe de sucre, à votre convenance
1/2 cuil. à café de poudre de gingembre

Le bon truc

Ne préparez pas la tarte plus de 2 à 3 heures avant de servir, au risque de la voir ramollir.

Linzertorte au chocolat et à l'abricot

1 Préchauffez le four à 190 °C (th. 5), 10 minutes à l'avance. Graissez légèrement un moule à tarte de 28 cm de diamètre. Hachez finement au robot les amandes mélangées à la moitié du sucre. Ajoutez le sucre restant, la farine, le cacao en poudre, la cannelle, le sel et le zeste d'orange et remalaxez au robot. Ajoutez alors le beurre coupé en dés et mélangez par à-coups jusqu'à obtenir une texture s'apparentant à une semoule grossière. Ajoutez l'eau cuillerée par cuillerée jusqu'à ce que le mélange s'amalgame.

2 Posez cette pâte sur un plan légèrement fariné et pétrissez à la main, puis étendez au rouleau. Tapissez le fond et les côtés du moule avec la moitié de cette pâte. Piquez à la fourchette et mettez à refroidir au réfrigérateur. Étalez le reste de la pâte au rouleau entre deux feuilles de film alimentaire pour former un disque de 28 à 30 cm de diamètre. Transférez ce disque sur le moule et laissez 30 minutes au réfrigérateur.

3 Pour la garniture, répartissez la confiture d'abricots sur le fond de pâte refroidi, et saupoudrez avec le chocolat au lait en petits morceaux.

4 Posez le disque de pâte restante sur un plan légèrement fariné et retirez le film alimentaire du dessus. À l'aide d'une règle plate, découpez des bandes d'environ 1 cm de large. Laissez-les ramollir jusqu'à ce qu'elles soient malléables. Disposez ces bandes en croisillons sur le gâteau, en laissant environ 1 cm entre deux bandes. Enfoncez légèrement du doigt entre chaque intersection pour accentuer l'effet. Coupez la pâte qui dépasse sur les bords. Mettez au four 35 minutes. Laissez refroidir avant de saupoudrer de sucre glace. Coupez les parts avant de servir.

INGRÉDIENTS
Pour 10 à 12 personnes

Pour la pâte aux amandes et au chocolat
75 g d'amandes entières blanchies
125 g de sucre en poudre
215 g de farine
2 cuil. à soupe de cacao en poudre
1 cuil. à café de poudre de cannelle
1/2 cuil. à café de sel
le zeste râpé de 1 orange
225 g de beurre doux coupé en dés
2 à 3 cuil. à soupe d'eau glacée

Pour la garniture
350 g de confiture d'abricots
75 g de chocolat au lait en petits morceaux
sucre glace pour le saupoudrage

Le bon truc

Quand vous préparez la pâte, ne lui laissez pas le temps de former une boule, sinon elle serait trop dure.

Tarte au beurre de cacahuètes

1 Passez au robot les gaufrettes ou les cookies, le beurre fondu, le sucre et l'extrait de vanille. Garnissez de ce mélange le fond d'un moule à tourte ou d'un moule à tarte. Laissez refroidir 15 à 20 minutes au réfrigérateur.

2 Dans un saladier, versez la gélatine en pluie sur 3 cuillerées à soupe d'eau froide. Laissez gonfler.

3 Mélangez la moitié du sucre avec la farine de maïs et le sel dans une casserole à fond épais. Incorporez progressivement le lait sur ce mélange. Portez à ébullition, puis baissez le feu et laissez bouillir 1 à 2 minutes, sans cesser de remuer, jusqu'à obtenir une pâte épaisse et lisse.

4 Battez les jaunes d'œufs, puis versez dessus la moitié de la préparation au lait chaud. Fouettez jusqu'à ce que le mélange soit homogène. Ajoutez alors le reste du lait et battez à nouveau. Transvasez le tout dans une casserole propre et portez doucement à ébullition jusqu'à ce que le mélange bouille et s'épaississe. Laissez bouillir 1 minute en remuant énergiquement, puis

versez un quart de cette crème dans un récipient. Réservez le reste. Ajoutez le chocolat en morceaux, le rhum ou l'extrait de vanille et faites fondre le chocolat en remuant jusqu'à ce que le mélange soit onctueux. Versez cette préparation sur le fond en chocolat et laissez prendre au réfrigérateur.

5 Battez au fouet la gélatine ramollie avec la crème réservée jusqu'à complète dissolution de la gélatine. Ajoutez le beurre de cacahuètes et fouettez jusqu'à ce qu'il fonde et que la crème soit lisse. Montez les blancs d'œufs en neige ferme puis, en continuant à battre, incorporez le sucre restant, cuillerée par cuillerée.

6 Fouettez la crème fraîche jusqu'à ce qu'elle forme de légers pics. Incorporez 125 ml de crème fraîche épaisse dans votre crème, puis les blancs d'œufs. Étalez la préparation au beurre de cacahuètes sur la couche de chocolat. Répartissez la crème fraîche qui reste à la cuiller ou à la poche à douille en formant des volutes décoratives. Complétez ce décor avec des copeaux de chocolat et conservez au réfrigérateur jusqu'au moment de servir.

INGRÉDIENTS
Pour 8 personnes

22 à 24 gaufrettes au chocolat ou cookies au beurre de cacahuètes

100 g de beurre ramolli

1 à 2 cuil. à soupe de sucre

1 cuil. à café d'extrait de vanille

1 ½ cuil. à soupe de gélatine en poudre

100 g de sucre en poudre

1 cuil. à soupe de farine de maïs

1/2 cuil. à café de sel

225 ml de lait

2 gros œufs, jaunes et blancs séparés

100 g de chocolat noir en morceaux

2 cuil. à soupe de rhum ou 2 cuil. à café d'extrait de vanille

125 g de beurre de cacahuètes

300 ml de crème fraîche épaisse

copeaux de chocolat pour le décor

Petits strudels au chocolat et à la pistache

1 Préchauffez le four à 170 °C (th. 4), 10 minutes à l'avance. Graissez légèrement deux grandes plaques à pâtisserie. Pour la garniture, mélangez les pistaches finement hachées, le sucre et le chocolat noir dans un saladier. Arrosez d'eau de rose, mélangez légèrement et réservez.

2 Coupez les feuilles de pâte feuilletée en quatre rectangles de 23 x 18 cm. Placez un rectangle sur le plan de travail et badigeonnez-le au pinceau avec un peu de beurre fondu. Posez le deuxième rectangle sur le premier et badigeonnez-le avec un peu plus de beurre. Saupoudrez d'un peu de sucre en poudre et étalez environ une cuillerée à dessert de garniture au bout du petit côté. Repliez le petit côté sur la garniture avant de rouler la pâte. Placez ce strudel sur la plaque à pâtisserie, le raccord sur le dessous. Continuez de garnir les feuilles restantes jusqu'à épuisement de la garniture.

3 Badigeonnez chaque strudel avec le beurre fondu qui reste et saupoudrez d'un peu de sucre en poudre. Mettez au four 20 minutes jusqu'à ce qu'ils soient bien dorés et la pâte croustillante.

4 Retirez-les du four et laissez tiédir 2 minutes sur la plaque, puis placez-les sur une grille métallique. Saupoudrez de sucre glace. Versez le chocolat blanc fondu dans une petite poche à douille standard et décorez les strudels de motifs ondulés. Laissez prendre avant de servir.

INGRÉDIENTS
Pour 24 strudels

5 grandes feuilles de pâte feuilletée très fine
50 g de beurre fondu
1 à 2 cuil. à soupe de sucre en poudre pour le saupoudrage
50 g de chocolat blanc fondu pour la décoration

Pour la garniture

125 g de pistaches non salées hachées finement
3 cuil. à soupe de sucre en poudre
50 g de chocolat noir râpé
1 à 2 cuil. à soupe d'eau de rose
1 cuil. à soupe de sucre pour le saupoudrage

Le bon truc

Lorsque vous utilisez des feuilles de pâte feuilletée, conservez les feuilles inutilisées dans un torchon légèrement humide pour qu'elles ne sèchent pas.

Mousse de « Mars® » en aumônière

1 Préchauffez le four à 180 °C (th. 4), 10 minutes à l'avance. Graissez légèrement 6 ramequins de 150 ml. Découpez les feuilles de pâte feuilletée en carrés de 15 cm de côté. Posez un carré sur le plan de travail et badigeonnez-le au pinceau avec un peu de beurre fondu. Saupoudrez d'une pincée de sucre en poudre. Dorez un deuxième carré et posez-le en biais sur le précédent. Saupoudrez avec un peu plus de sucre et répétez cette opération avec deux autres carrés de pâte.

2 Tapissez un ramequin de deux carrés superposés en les installant avec les doigts pour que le fond soit bien plat et que les bords pointent à la verticale. Procédez de même avec les autres ramequins. Placez-les sur une plaque à pâtisserie et mettez au four 10 à 15 minutes jusqu'à ce que la pâte soit croustillante et dorée. Retirez du four et laissez refroidir avant de sortir ces aumônières feuilletées des ramequins. Laissez refroidir complètement.

3 Faites fondre les barres Mars® et le lait dans une petite casserole

sans cesser de remuer jusqu'à ce que le mélange soit onctueux. Laissez tiédir 10 minutes en remuant de temps en temps.

4 Épaississez la crème fraîche au fouet et incorporez une cuillerée de cette crème dans les barres Mars® fondus. Ajoutez ensuite la crème restante. Montez le blanc d'œuf en neige ferme et incorporez-le dans la préparation aux barres Mars® avec le cacao en poudre. Laissez refroidir cette mousse 2 à 3 heures au réfrigérateur.

5 Pour le nappage, faites bouillir 125 ml de crème fraîche épaisse, ajoutez le chocolat blanc râpé et l'extrait de vanille, puis mélangez jusqu'à obtenir une crème onctueuse. Transvasez dans un saladier et laissez refroidir. Épaississez la crème fraîche qui reste au fouet et incorporez-la à la préparation au chocolat blanc.

6 Garnissez les aumônières avec la mousse, recouvrez avec la crème fraîche et saupoudrez de chocolat râpé. Mettez à refroidir au réfrigérateur avant de servir avec ou sans sauce au chocolat.

INGRÉDIENTS
Pour 6 aumônières

6 grandes feuilles de pâte feuilletée, préalablement décongelées si nécessaire
40 g de beurre doux fondu
1 cuil. à soupe de sucre en poudre
3 barres Mars® de 60 g, coupées en gros morceaux
1 ½ cuil. à soupe de lait
300 ml de crème fraîche épaisse
1 gros œuf
1 cuil. à soupe de cacao en poudre
1 cuil. à soupe de chocolat noir râpé
sauce au chocolat (voir p. 158) pour servir (facultatif)

Pour le nappage
300 ml de crème fraîche épaisse
125 g de chocolat blanc râpé
1 cuil. à café d'extrait de vanille

Le bon truc

Conservez les feuilles de pâte feuilletée inutilisées dans un torchon légèrement humide pour qu'elles ne se dessèchent pas.

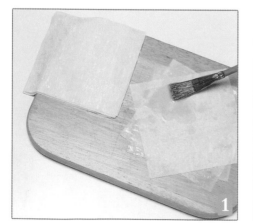

Tartelettes au chocolat et aux fruits rouges

1 Préchauffez le four à 200 °C (th. 6), 15 minutes à l'avance. Préparez la pâte au chocolat et tapissez 8 moules à tartelettes de 7,5 cm. Faites cuire 12 minutes à blanc.

2 Versez 400 ml de crème fraîche et la moitié de la confiture de framboises dans une casserole. Portez à ébullition sans cesser de remuer jusqu'à dissolution de la confiture. Retirez du feu et ajoutez le chocolat en une seule fois. Remuez jusqu'à ce que le chocolat ait fondu.

3 Versez cette ganache dans les moules à tartelettes, en les inclinant pour la répartir uniformément. Laissez prendre au réfrigérateur au moins 1 heure.

4 Mettez les petits fruits dans un récipient peu profond. Faites fondre le reste de confiture avec la moitié de la liqueur de framboise à feu moyen, jusqu'au premier bouillon. Nappez les petits fruits de ce liquide et retournez-les doucement pour bien les enrober.

5 Répartissez les petits fruits sur les tartelettes, au besoin en petits tas. Laissez rafraîchir au réfrigérateur jusqu'au moment de servir.

6 Sortez les tartelettes du réfrigérateur au moins 30 minutes avant de servir. Avec un batteur électrique, battez le reste de crème fraîche et de liqueur de framboise et le sucre jusqu'à ce que cette crème épaississe et forme de légers pics. Servez avec les tartelettes et la crème fraîche.

INGRÉDIENTS
Pour 8 tartelettes

pâte au chocolat (voir p. 140)
600 ml de crème fraîche épaisse
275 g de confiture de framboise sans pépins
225 g de chocolat noir coupé en petits morceaux
700 g de framboises ou de petits fruits
50 ml de liqueur de framboise
1 cuil. à soupe de sucre en poudre
crème fraîche pour servir

Une question de goût

Essayez cette recette en remplaçant le chocolat noir par la même proportion de chocolat blanc, qui forme un accord parfait avec les framboises.

Tartelettes au chocolat blanc et aux noix de macadamia

1 Préchauffez le four à 200 °C (th. 6), 15 minutes à l'avance. Étalez la pâte sur un plan de travail légèrement fariné et garnissez-en 10 moules à tartelettes de 7,5 à 9 cm de diamètre. Recouvrez d'un morceau de papier d'aluminium et de haricots secs. Disposez les tartelettes sur la plaque à pâtisserie et faites cuire à blanc au four 10 minutes. Retirez le papier d'aluminium et les haricots et laissez refroidir.

2 Battez les œufs et le sucre jusqu'à obtenir un mélange léger et crémeux, puis, toujours en battant, incorporez le caramel liquide, le beurre, la crème fraîche et l'extrait de vanille ou d'amande. Ajoutez les noix de macadamia. Répartissez 100 g des morceaux de chocolat blanc et la préparation sur les fonds de tartelettes.

3 Baissez la température du four à 180 °C et faites cuire les tartelettes 20 minutes, jusqu'à ce que le dessus soit gonflé et doré et l'intérieur ferme. Sortez du four et laissez refroidir sur une grille métallique.

4 Démoulez les tartelettes avec précaution et disposez-les bord à bord sur une grille métallique. Faites fondre le reste de chocolat blanc. À l'aide d'une cuiller ou d'une petite poche à douille en papier sulfurisé, versez-le en filet sur la surface des tartelettes en composant un motif en zigzag. Servez tiède ou à température ambiante.

INGRÉDIENTS
Pour 10 tartelettes

pâte brisée sucrée (voir p. 136)
2 œufs moyens
50 g de sucre
250 ml de caramel liquide
40 g de beurre fondu
50 ml de crème fraîche épaisse
1 cuil. à café d'extrait de vanille
  ou d'amandes
225 g de noix de macadamia non
  salées, grossièrement concassées
150 g de chocolat blanc cassé
  en gros morceaux

Un peu d'info

Les noix de macadamia, originaires d'Hawaï, sont de grosses noix croquantes, très parfumées. On en trouve dans la plupart des grandes surfaces.

2

2

4

Choux au chocolat

1 Préchauffez le four à 220 °C (th. 7), 15 minutes à l'avance. Graissez légèrement une grande plaque à pâtisserie. Pour la pâte à choux, tamisez ensemble la farine et le cacao en poudre. Placez 250 ml d'eau, le sel, le sucre et le beurre dans une casserole et portez à ébullition. Enlevez du feu et ajoutez le mélange de farine en une seule fois. Battez énergiquement à l'aide d'une cuiller en bois jusqu'à former une boule de pâte au centre de la casserole. Remettez sur le feu et laissez cuire 1 minute en remuant. Laissez tiédir.

2 Incorporez 4 œufs, un par un, en battant après l'introduction de chacun au batteur électrique. Fouettez à part le dernier œuf et ajoutez-le petit à petit jusqu'à ce que la pâte soit épaisse et luisante. Elle doit s'écouler goutte à goutte de la cuiller tapotée contre le bord de la casserole.

3 À la cuiller ou à la poche à douille, formez 12 tas sur la plaque à pâtisserie en les espaçant pour que la pâte puisse s'étaler.

Mettez au four 30 à 35 minutes, jusqu'à ce que les choux aient gonflé et doré. Sortez du four, coupez le tiers supérieur de chaque chou et remettez-les au four pour qu'ils sèchent. Sortez et laissez refroidir.

4 Pour la garniture, faites chauffer le chocolat avec 125 ml de crème fraîche épaisse et 1 cuillerée à soupe de sucre (facultatif). Remuez jusqu'à obtenir une pâte lisse et laissez refroidir. Battez le reste de crème fraîche bien ferme et arrosez de la crème de cacao (facultatif). Incorporez rapidement la crème dans le chocolat, puis garnissez-en les choux, à la cuiller ou à la poche à douille. Remettez les chapeaux en place.

5 Placez tous les ingrédients de la sauce dans une petite casserole et faites chauffer à feu doux. Remuez jusqu'à obtenir une sauce lisse. Enlevez-la du feu et laissez-la refroidir, en remuant de temps à autre jusqu'à ce qu'elle ait épaissi. Nappez-en les choux et servez immédiatement.

INGRÉDIENTS
Pour 12 choux

Pour la pâte à choux
150 g de farine
2 cuil. à soupe de cacao en poudre
1 pincée de sel
1 cuil. à soupe de sucre
125 g de beurre coupé
  en morceaux
5 gros œufs

Pour la garniture au chocolat
225 g de chocolat noir
600 ml de crème fraîche épaisse
1 cuil. à soupe de sucre (facultatif)
2 cuil. à soupe de crème de cacao
  (facultatif)

Pour la sauce au chocolat
225 g de chocolat noir
300 ml de crème fraîche épaisse
50 g de beurre coupé en dés
1 à 2 cuil. à soupe de caramel
  liquide
1 cuil. à café d'extrait de vanille

Riz au lait en croûte de chocolat

1 Préchauffez le four 200 °C (th. 6), 15 minutes à l'avance. Étalez la pâte au chocolat et garnissez-en un moule à tarte de 24 cm. Posez dessus une feuille de papier sulfurisé et des haricots secs et faites cuire à blanc au four 15 minutes.

2 Pour la ganache, placez la crème fraîche et le caramel liquide dans une casserole à fond épais et portez à ébullition. Enlevez du feu et ajoutez tout le chocolat en une seule fois. Remuez jusqu'à obtenir une pâte lisse. Incorporez le beurre et l'extrait de vanille en battant, versez sur le fond de tarte et réservez.

3 Pour le riz au lait, portez le lait à ébullition, avec le sel, dans une casserole de taille moyenne. Fendez la gousse de vanille, faites tomber les graines dans le lait et ajoutez la gousse. Versez le riz en pluie, puis portez à ébullition. Baissez le feu et laissez frémir jusqu'à ce que le riz soit tendre et le lait crémeux. Enlevez du feu.

4 Mélangez la farine de maïs et le sucre, puis ajoutez 2 cuillerées d'eau pour former une pâte. Versez un peu de riz au lait chaud dans la farine de maïs, puis incorporez la totalité de ce mélange dans le riz au lait. Portez à ébullition et laissez cuire jusqu'à ce que le mélange ait épaissi, sans cesser de remuer. Placez le fond de la casserole dans un saladier d'eau glacée et remuez le temps que la préparation refroidisse et épaississe. Versez le chocolat au lait sur la tarte et lissez la surface. Laissez prendre. Saupoudrez de cacao en poudre, décorez avec quelques myrtilles et de la menthe fraîche avant de servir.

INGRÉDIENTS
Pour 8 personnes

pâte au chocolat (voir p. 140)
1 cuil. à café de cacao en poudre
   pour saupoudrer

Pour la ganache
200 ml de crème fraîche épaisse
1 cuil. à soupe de caramel liquide
175 g de chocolat noir en
   morceaux
1 cuil. à soupe de beurre
1 cuil. à café d'extrait de vanille

Pour le riz au lait
1 l de lait
1 cuil. à café de sel
1 gousse de vanille
100 g de riz blanc à longs grains
1 cuil. à soupe de farine de maïs
1 cuil. à soupe de sucre

Pour décorer
quelques myrtilles fraîches
feuilles de menthe fraîche

Le bon truc

On utilise souvent des haricots en céramique qui emmagasinent la chaleur et participent à la cuisson du fond de tarte. Mais on peut aussi utiliser des haricots secs, du riz ou toutes sortes de graines sèches.

Tarte chocolatée aux fruits d'été

1 Préchauffez le four à 200 °C (th. 6), 15 minutes à l'avance. Graissez légèrement une grande plaque à pâtisserie. Étalez la pâte au chocolat pour former un cercle de 24 cm de diamètre et posez-le sur la plaque en formant un bord. Piquez tout le fond à la fourchette et faites rafraîchir 30 minutes au réfrigérateur.

2 Garnissez la pâte de papier d'aluminium et posez dessus une assiette plate allant au four ou le fond amovible d'un grand moule à tarte et faites cuire à blanc au four, jusqu'à ce que les bords commencent à se colorer. Sortez du four, enlevez le lest et le papier d'aluminium.

3 Étalez le nappage au chocolat sur le fond de pâte et disposez les tranches de pêche et de nectarine le long du bord en les faisant se chevaucher. Mélangez les fraises et les petits fruits avec les morceaux de chocolat noir et disposez-les au centre de la tarte. Arrosez d'un filet de beurre fondu et saupoudrez de sucre.

4 Mettez au four 10 à 12 minutes, jusqu'à ce que les fruits commencent à être tendres. Transférez le gâteau sur une grille métallique.

5 Répartissez le chocolat blanc et les noisettes grillées sur le dessus et remettez au four 1 minute, le temps que le chocolat commence à ramollir. Si la pâte brunit trop, couvrez le bord de bandes de papier d'aluminium. Transférez sur une grille métallique et laissez refroidir. Décorez de feuilles de menthe fraîche et servez chaud.

INGRÉDIENTS
Pour 8 personnes

pâte au chocolat (voir p. 140)
5 cuil. à soupe de nappage au chocolat
1 petite pêche coupée en tranches très fines
1 petite nectarine coupée en tranches très fines
150 g de fraises coupées en 2 ou en 4
75 g de framboises
75 g de myrtilles
75 g de chocolat noir cassé en petits morceaux
1 cuil. à soupe de beurre fondu
2 cuil. à soupe de sucre
75 g de chocolat blanc cassé en petits morceaux
1 cuil. à soupe de noisettes grillées et concassées
feuilles de menthe fraîche pour décorer

Le bon truc

Vous pouvez aussi préchauffer le grill et placer la tarte dessous jusqu'à ce que les fruits commencent à caraméliser et le chocolat blanc à fondre. Évitez de faire trop chauffer car le chocolat blanc se fissurerait et deviendrait granuleux.

Tartelettes citron-chocolat

1 Préchauffez le four à 200 °C (th. 6), 15 minutes à l'avance. Étalez la pâte au chocolat sur un plan de travail légèrement fariné et garnissez-en 10 moules à tartelette de 7,5 cm de diamètre. Placez un petit morceau de papier d'aluminium froissé dans chacun et faites cuire à blanc au four 12 minutes. Sortez du four et laissez refroidir.

2 Portez la crème fraîche à ébullition, enlevez du feu et ajoutez tout le chocolat en une seule fois. Remuez jusqu'à ce qu'il ait fondu et forme une crème lisse. Incorporez le beurre et l'extrait de vanille en battant. Versez la préparation dans les tartelettes et laissez refroidir.

3 Battez le *lemon curd* pour la ramollir et versez-en une couche épaisse sur le chocolat dans les tartelettes, bien étalée jusqu'aux bords. Ne mettez pas au réfrigérateur, le chocolat durcirait trop.

4 Placez la crème anglaise dans un grand saladier et incorporez progressivement la crème fraîche et l'extrait d'amandes, en battant, jusqu'à ce que le mélange soit lisse et liquide.

5 Pour servir, versez un peu de crème anglaise sur une assiette et placez une tartelette au centre. Saupoudrez de chocolat râpé et d'amandes et servez.

INGRÉDIENTS
Pour 10 tartelettes

pâte au chocolat (voir p. 140)
175 ml de crème fraîche épaisse
175 g de chocolat noir cassé
 en morceaux
1 cuil. à soupe de beurre coupé
 en dés
1 cuil. à café d'extrait de vanille
350 g de lemon curd
 (voir Une question de goût)
225 ml de crème anglaise toute
 prête
225 ml de crème fraîche légère
1/2 à 1 cuil. à café d'extrait
 d'amande

Pour décorer
chocolat râpé
amandes effilées grillées

Une question de goût

Le *lemon curd* est très facile à confectionner. Dans un saladier résistant à la chaleur de taille moyenne, mélangez 175 g de sucre, le zeste râpé et le jus de 2 citrons et 4 gros œufs. Ajoutez 125 g de beurre doux coupé en dés et placez le saladier au-dessus d'une casserole d'eau frémissante. Remuez jusqu'à ce que le mélange épaississe, environ 20 minutes. Laissez refroidir et utilisez comme indiqué ci-dessus.

Tarte fondante
à la crème anglaise au café

1 Préchauffez le four à 180 °C (th. 5), 10 minutes à l'avance. Garnissez de papier d'aluminium ou graissez légèrement un moule à tourte de 24 cm de diamètre. Faites fondre le chocolat et le beurre dans une petite casserole, à feu très doux, et remuez jusqu'à obtenir une pâte lisse, puis réservez. Diluez le café instantané dans 1 ou 2 cuillerées d'eau chaude et réservez.

2 Mélangez en battant les œufs avec le caramel liquide, le sucre, le café dissous, la cannelle et le lait. Ajoutez le chocolat fondu et mélangez. Versez dans le moule à tourte.

3 Mettez au four 20 à 25 minutes, jusqu'à ce que les bords aient pris, mais que le centre soit encore très moelleux. Laissez refroidir, démoulez et saupoudrez légèrement de sucre glace.

4 Pour la crème anglaise, diluez le café instantané dans 2 ou 3 cuillerées d'eau chaude, puis incorporez dans la crème anglaise en battant. Ajoutez progressivement la crème fraîche liquide sans cesser de battre, puis la liqueur de café (facultatif). Servez les portions de tarte accompagnées de la crème anglaise et de fraises.

INGRÉDIENTS
Pour 10 personnes

125 g de chocolat noir
  en morceaux
125 g de beurre coupé en dés
1 cuil. à soupe de café instantané
4 gros œufs
1 cuil. à soupe de caramel liquide
125 g de sucre
1 cuil. à café de cannelle en poudre
3 cuil. à soupe de lait
sucre glace pour saupoudrer
quelques fraises fraîches pour
  décorer

Pour la crème anglaise au café
2 à 3 cuil. à soupe de café
  instantané, à doser selon
  les goûts
225 ml de crème anglaise toute
  prête
225 ml de crème fraîche liquide
2 cuil. à soupe de liqueur de café
  (facultatif)

Le bon truc

La crème anglaise est commercialisée en boîte, ou en brick au rayon frais des grandes surfaces. Si vous la réalisez vous-même, sachez que le bain-marie est idéal pour la cuire. Lorsque vous utilisez cette méthode de cuisson, vérifiez que l'eau arrive bien jusqu'en haut.

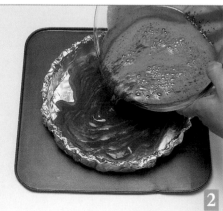

Meringue chocolatée aux noix de pécan

1 Préchauffez le four à 110 °C (th. 1), 5 minutes à l'avance. Graissez légèrement un moule à tourte de 24 cm de diamètre.

2 Fouettez au batteur électrique, à faible vitesse, les blancs d'œufs et la levure jusqu'à ce que le mélange soit mousseux. Puis augmentez la vitesse et battez en neige ferme.

3 Incorporez progressivement le sucre, cuillerée par cuillerée, en battant bien entre deux cuillerées, jusqu'à ce que le sucre soit complètement dissous et le mélange ferme et luisant. Vérifiez la consistance en roulant un peu de meringue entre vos doigts, si elle est granuleuse, continuez à battre. Cela devrait prendre environ 15 minutes.

4 Incorporez 2 cuillerées à café d'extrait de vanille en battant, puis ajoutez les noix et les pépites de chocolat.

5 Étalez régulièrement la meringue dans le moule à tourte. Créez un puits peu profond au centre et relevez légèrement les bords.

6 Mettez au four 1 heure à 1 h 15, jusqu'à ce que la meringue commence à dorer. Baissez la température du four si elle se colore trop vite. Éteignez le four et laissez la meringue à l'intérieur environ 1 heure. Entrouvrez la porte du four d'environ 5 cm. Puis transférez sur une grille métallique et laissez refroidir.

7 Versez la crème fraîche épaisse dans une petite casserole et portez à ébullition. Enlevez du feu, ajoutez le chocolat blanc râpé et faites fondre en mélangeant. Ajoutez le reste d'extrait de vanille et laissez refroidir. Puis fouettez jusqu'à ce que le mélange épaississe.

8 Versez à la cuiller le chocolat blanc fouetté dans le puits de la meringue, faites-en un monticule et composez un motif décoratif avec le dos de la cuiller. Décorez avec les framboises fraîches et les copeaux de chocolat. Faites rafraîchir 2 heures au réfrigérateur avant de servir. Au dernier moment, posez quelques feuilles de menthe fraîche et coupez en tranches.

INGRÉDIENTS
Pour 8 à 10 personnes

4 blancs de gros œufs
1/4 de cuil. à café de levure
225 g de sucre
3 cuil. à café d'extrait de vanille
100 g de noix de pécan,
  légèrement grillées et concassées
75 g de pépites de chocolat
150 ml de crème fraîche épaisse
150 g de chocolat blanc râpé

Pour décorer
framboises fraîches
copeaux de chocolat noir
feuilles de menthe fraîches

Le bon truc

La meringue doit cuire à basse température, pour sécher plus que pour cuire, puis refroidir dans le four. C'est de cette façon qu'elle devient croustillante sans trop se craqueler.

Tarte glacée

1 Préparez la pâte sablée au gingembre et garnissez-en un moule à tarte à fond amovible de 24 cm de diamètre. Mettez au congélateur 30 minutes.

2 Faites ramollir les glaces à température ambiante environ 25 minutes. Versez la glace au chocolat sur la pâte sablée en la répartissant régulièrement, puis étalez la glace au café au-dessus et formez un petit monticule au centre. Remettez au congélateur.

3 Pour le nappage, faites chauffer dans une casserole le chocolat noir avec la crème fraîche, le caramel liquide et l'extrait de vanille. Mélangez jusqu'à ce que le chocolat ait fondu et forme une crème lisse. Versez dans un saladier, mettez au réfrigérateur et remuez de temps à autre jusqu'à ce que le mélange ait refroidi sans prendre.

4 Nappez la tarte de la préparation. Saupoudrez de chocolat blanc râpé et remettez au congélateur 1 h 30, jusqu'à ce qu'elle ait pris.

INGRÉDIENTS
Pour 6 à 8 personnes

Pâte sablée au gingembre
 (voir p. 144)
600 ml de glace au chocolat
600 ml de glace au café

Pour le nappage au chocolat
175 g de chocolat noir cassé
 en morceaux
50 ml de crème fraîche légère
1 cuil. à soupe de caramel liquide
1 cuil. à café d'extrait de vanille
50 g de chocolat blanc et au lait
 grossièrement râpé

Le bon truc

Pour réaliser cette recette, choisissez des crèmes glacées d'excellente qualité. Prenez de préférence une glace au chocolat avec des pépites de chocolat ou de caramel, ou une glace panachée.
Vous pouvez aussi l'agrémenter de framboises fraîches, de noisettes concassées ou de copeaux de chocolat blanc selon votre goût.

Une question de goût

Vous pouvez aussi couper les portions alors que le gâteau est glacé et accompagner du nappage encore chaud.

Tarte aux fraises
et mousse de chocolat blanc

1 Préchauffez le four à 200° C (th. 6), 15 minutes à l'avance. Étalez la pâte sur un plan de travail légèrement fariné et garnissez-en un moule à tarte de 25,5 cm.

2 Recouvrez la pâte de papier d'aluminium ou de papier sulfurisé, posez dessus des haricots secs puis faites cuire à blanc au four 15 à 20 minutes. Retirez le papier et les haricots et remettez au four 5 minutes.

3 Pour la mousse, mettez le chocolat blanc dans une casserole avec 2 cuillerées à soupe d'eau et 125 ml de crème fraîche. Faites chauffer à feu doux et remuez jusqu'à ce que le chocolat ait fondu et forme une crème lisse. Enlevez du feu, incorporez le kirsch ou la liqueur de framboise et laissez refroidir.

4 Battez le reste de crème fraîche jusqu'à ce qu'elle forme de petits pics à l'extrémité du fouet.

Incorporez-en une cuillerée dans le chocolat fondu, puis le reste. Si vous ajoutez des blancs d'œufs, battez-les en neige ferme et incorporez-les à la préparation, votre mousse n'en sera que plus onctueuse et légère. Faites rafraîchir au réfrigérateur 15 à 20 minutes.

5 Faites chauffer la confiture de fraises avec le kirsch ou la liqueur de framboise. Utilisez la moitié de cette confiture pour badigeonner le fond de tarte. Laissez refroidir.

6 Étalez la mousse au chocolat sur la confiture et disposez dessus les fraises en cercles concentriques. Si nécessaire, réchauffez le reste de confiture avant d'en napper les fraises.

7 Laissez refroidir la tarte au réfrigérateur 3 à 4 heures, jusqu'à ce que la mousse ait pris. Coupez les parts et servez.

INGRÉDIENTS
Pour 10 personnes

pâte brisée sucrée (voir p. 136)
60 g de confiture de fraises
1 ou 2 cuil. à soupe de kirsch
  ou de liqueur de framboise
450 à 700 g de fraises mûres
  coupées dans le sens de
  la longueur

Pour la mousse au chocolat blanc

250 g de chocolat blanc cassé
  en morceaux
350 ml de crème fraîche épaisse
3 cuil. à soupe de kirsch ou
  de liqueur de framboise
1 ou 2 blancs de gros œufs
  (facultatif)

Le bon truc

Cette recette contient des blancs d'œufs crus qui peuvent présenter un risque pour les individus fragiles, comme les personnes âgées ou les femmes enceintes.
Pour plus de sûreté, vous pouvez les supprimer.

Millefeuille chocolat et framboises

1 Préchauffez le four à 200 °C (th. 6), 15 minutes à l'avance. Graissez légèrement une grande plaque à pâtisserie et aspergez-la d'un peu d'eau. Étalez la pâte sur un plan de travail légèrement fariné pour former un rectangle d'environ 43 x 28 cm. Coupez-le en 3 bandes longues. Marquez la pâte avec un couteau pointu à des intervalles de 6 cm, la découpe de la pâte cuite sera ainsi plus facile et plus nette. Transférez avec précaution sur la plaque, en veillant à ce que les bords de la pâte restent bien droits.

2 Mettez au four 20 minutes, jusqu'à ce que la pâte ait levé et doré. Posez sur une grille métallique et laissez refroidir. Transférez chaque bande de pâte sur un plan de travail. Avec un couteau pointu, coupez les bords dans le sens de la longueur. Puis suivez les marques pour couper 18 rectangles.

3 Placez tous les ingrédients du coulis de framboises dans le robot et battez jusqu'à obtenir une pâte lisse. Si cette purée est trop épaisse, ajoutez un peu d'eau. Goûtez et rectifiez le dosage de sucre au besoin. Versez dans un saladier, couvrez et faites rafraîchir au réfrigérateur.

4 Placez un rectangle de pâte sur un plan de travail, face plate en dessous. Nappez d'un peu de ganache au chocolat et disposez dessus quelques framboises fraîches. Nappez un second rectangle de ganache, posez-le sur le premier, tassez doucement et ajoutez quelques framboises. Posez un troisième rectangle sur le dessus, face plate tournée vers le haut et nappez de ganache.

5 Disposez des framboises sur le dessus et saupoudrez d'un peu de sucre glace. Répétez cette opération pour composer les autres millefeuilles.

6 Faites rafraîchir au réfrigérateur le temps nécessaire. Servez avec le coulis de framboises et le reste de framboises fraîches.

INGRÉDIENTS
Pour 6 millefeuilles

450 g de pâte feuilletée, fraîche ou décongelée
ganache à la framboise (voir p. 154) réfrigérée
700 g de framboises fraîches + quelques-unes pour décorer
sucre glace pour saupoudrer

Pour le coulis de framboises
225 g de framboises fraîches
2 cuil. à soupe de confiture de framboises sans pépins
1 à 2 cuil. à soupe de sucre, à doser selon les goûts
2 cuil. à soupe de jus de citron ou de liqueur de framboise

Le bon truc

Si vous préférez un seul grand millefeuille, il est inutile de couper la pâte en 3 bandes (étape 2). Pour servir, vous couperez les tranches avec un couteau-scie.

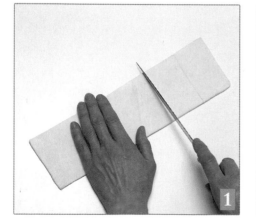

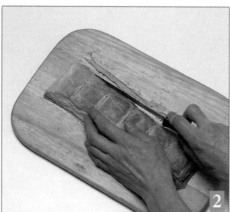

Mousse au chocolat

1 Cassez le chocolat en petits morceaux dans un récipient résistant à la chaleur, placé au-dessus d'une casserole d'eau frémissante. Ajoutez le cognac et chauffez doucement en remuant de temps en temps jusqu'à ce que le chocolat fonde et donne une pâte lisse. Retirez du feu et laissez tiédir avant d'incorporer les jaunes d'œufs un par un en battant vigoureusement après l'introduction de chacun. Réservez cette préparation.

2 Montez les blancs d'œufs en neige pas trop ferme, puis incorporez une cuillerée de la préparation au chocolat avant d'ajouter le reste progressivement et délicatement. Laissez refroidir au réfrigérateur, le temps de préparer la mousse.

3 Fouettez la crème fraîche jusqu'à ce qu'elle commence à épaissir, puis versez le sucre, le zeste d'orange et le Cointreau et continuez de battre jusqu'à ce que la préparation forme de petits pics. Mélangez grossièrement la mousse au chocolat réservée et la préparation crémeuse avec une cuiller en métal pour créer un effet marbré. Garnissez 4 coupes individuelles en verre. Recouvrez de film alimentaire et laissez refroidir 2 heures au réfrigérateur.

4 Formez des copeaux de chocolat blanc en vous servant de l'épluche-légumes. Retirez le film alimentaire et éparpillez ces copeaux sur les coupes. Libérez délicatement les amours en cage de leur calice sans l'arracher, mais en le torsadant légèrement à la base pour la décoration. Ornez chaque dessert de 2 amours, et conservez au réfrigérateur jusqu'au moment de servir.

INGRÉDIENTS
Pour 4 mousses

125 g de chocolat noir
1 cuil. à soupe de cognac
4 œufs moyens, jaunes et blancs
  séparés
1 cuil. à soupe de sucre en poudre
le zeste râpé de 1 orange
2 cuil. à soupe de Cointreau
25 g de chocolat blanc
8 physalis (amours en cage)
  pour la décoration

Un peu d'info

Les physalis sont plus connus sous le nom d'amours en cage. Ce sont de petits fruits comestibles, orange et brillants, se développant dans un calice aussi fin que du papier. Il suffit de retourner le calice pour révéler les fruits qui décoreront de manière originale vos desserts et salades de fruits.

Cheesecake au chocolat et au safran

1 Préchauffez le four à 200° C (th. 6), 15 minutes à l'avance. Graissez légèrement un moule à tarte à bord cannelé de 20 cm de diamètre. Faites tremper les filaments de safran dans une cuillerée à soupe d'eau chaude pendant 20 minutes. Tamisez la farine, avec le sel, dans un saladier. Coupez le beurre en petits dés et mélangez du bout des doigts avec la farine jusqu'à obtenir une texture proche de la semoule. Ajoutez le sucre.

2 Battez le jaune d'œuf avec une cuillerée à soupe d'eau froide, ajoutez au mélange et remuez jusqu'à obtenir une pâte lisse et souple. Rajoutez un peu d'eau si nécessaire. Pétrissez cette pâte sur un plan légèrement fariné jusqu'à ce qu'elle soit parfaitement homogène. Enveloppez-la de film alimentaire et laissez refroidir 30 minutes au réfrigérateur.

3 Étalez la pâte au rouleau sur un plan légèrement fariné. Tapissez-en le moule à tarte. Piquez le fond et le bord à la fourchette, puis recouvrez de papier sulfurisé

et de haricots secs. Laissez cuire à blanc 12 minutes au four. Retirez les haricots secs et le papier sulfurisé et poursuivez la cuisson à blanc 5 minutes.

4 Battez le fromage blanc et le sucre cristallisé ensemble, puis ajoutez le chocolat fondu, le safran, le lait et les œufs. Remuez jusqu'à ce que la préparation soit bien homogène. Versez-la dans le moule à tarte qui a refroidi et posez le moule sur une grille à pâtisserie.

5 Ramenez la température du four à 190 °C (th. 5) et enfournez 15 minutes, puis baissez à nouveau à 170 °C (th. 4) et laissez cuire encore 20 à 30 minutes, jusqu'à ce que cette préparation ait pris.

6 Sortez le cheesecake du four et laissez reposer 10 minutes avant de le démouler, si vous le servez chaud. Si vous le proposez froid, laissez-le refroidir dans le moule à tarte avant de le démouler sur un plat de service. Saupoudrez de sucre glace avant de servir.

INGRÉDIENTS
Pour 6 personnes

1/2 cuil. à café de filaments de safran
175 g de farine
1 pincée de sel
75 g de beurre
1 cuil. à soupe de sucre en poudre
1 jaune d'œuf moyen
350 g de fromage blanc
75 g de sucre blond cristallisé
125 g de chocolat noir, fondu et refroidi
6 cuil. à soupe de lait
3 œufs moyens
1 cuil. à soupe de sucre glace tamisé pour la décoration

Un peu d'info

Les filaments de safran sont les étamines d'un certain type de crocus. On ne peut cueillir le safran qu'à la main, ce qui réduit sa production et augmente son coût. C'est pourquoi on l'utilise toujours avec parcimonie. Le safran se conserve très bien.

1

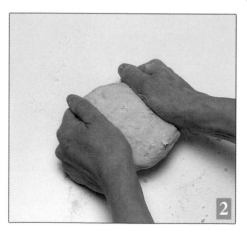
2

4

Tartelettes au chocolat caramélisé

1 Préchauffez le four à 200 °C (th. 6), 15 minutes à l'avance. Graissez légèrement 6 moules à tartelette individuels. Étalez au rouleau la pâte brisée prête à l'emploi sur un plan légèrement fariné et tapissez-en les moules. Piquez le fond et les bords à la fourchette, puis recouvrez de papier sulfurisé et de haricots secs. Laissez cuire au four 10 minutes à blanc. Sortez du four et retirez les haricots secs et le papier sulfurisé.

2 Ramenez la température du four à 180 °C (th. 5). Faites chauffer le lait de coco et 15 g de sucre dans une casserole à fond épais, sans cesser de remuer jusqu'à ce que le sucre soit dissous. Retirez la casserole du feu et laissez refroidir.

3 Mélangez le chocolat fondu, l'œuf battu et l'extrait de vanille avec le lait de coco refroidi. Remuez jusqu'à ce que le tout soit bien homogène et passez cette préparation au chinois avant d'en garnir les fonds précuits. Posez les moules sur une plaque à pâtisserie et enfournez 25 minutes jusqu'à ce que la préparation ait pris. Sortez du four et mettez à refroidir au réfrigérateur.

4 Préchauffez le grill, puis disposez les fruits harmonieusement sur chaque tartelette. Saupoudrez avec le sucre roux qui reste et placez les tartelettes sur la plaque du four. Passez 2 minutes au grill jusqu'à ce que le sucre bouillonne et commence à dorer. Permutez les tartelettes dans le four si nécessaire et veillez à ce que le sucre ne brûle pas. Sortez du four et laissez refroidir avant de servir.

INGRÉDIENTS
Pour 6 tartelettes

350 g de pâte brisée prête à l'emploi, fraîche ou décongelée
150 ml de lait de coco
40 g de sucre roux
50 g de chocolat noir fondu
1 œuf moyen battu
quelques gouttes d'extrait de vanille
1 petite mangue, pelée et coupée en tranches
1 petite papaye, pelée et coupée en morceaux
1 carambole, coupée en tranches
1 kiwi, pelé et coupé en tranches, ou tout autre fruit de votre choix

Le bon truc

Avant de passer les tartelettes au grill, on peut recouvrir les bords de la pâte avec du papier d'aluminium pour éviter qu'ils ne brûlent.

Meringues aux noisettes et velouté de chocolat

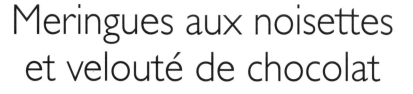

1 Préchauffez le four à 150 °C (th. 3) 10 minutes à l'avance. Garnissez deux plaques à pâtisserie de papier sulfurisé. Montez les œufs en neige ferme dans un grand saladier, puis ajoutez le sucre cuillerée par cuillerée, en battant bien entre chaque cuillerée. Continuez de battre pour obtenir un mélange très ferme. Avec une cuiller en métal, incorporez les noisettes concassées.

2 Formez 12 quenelles de cette préparation en les moulant entre deux cuillers à dessert. Déposez-les sur le papier sulfurisé. Saupoudrez la poudre de noisette sur les meringues et enfournez 1 h 30 à 2 heures, jusqu'à ce qu'elles soient luisantes et croustillantes. Éteignez le four

et laissez refroidir les meringues à l'intérieur du four.

3 Pour le velouté de chocolat, faites chauffer le chocolat avec le beurre, 4 cuillerées à soupe de crème fraîche et le sirop de sucre dans une casserole à fond épais, en remuant de temps en temps, jusqu'à ce que le chocolat ait fondu et que le mélange soit homogène. Ne laissez pas cette préparation bouillir. Fouettez la crème fraîche restante jusqu'à la formation de petits pics.

4 Étalez cette crème fraîche fouettée en sandwich entre deux meringues et déposez ces desserts sur les assiettes de service. Nappez du velouté et servez avec des petits fruits frais.

INGRÉDIENTS
Pour 6 meringues

4 blancs d'œufs moyens
225 g de sucre en poudre
125 g de poudre de noisettes
50 g de noisettes grillées effilées
petits fruits frais pour accompagner :
  framboises, fraises ou myrtilles

Pour le velouté de chocolat
225 g de chocolat noir cassé
  en morceaux
50 g de beurre
300 ml de crème fraîche épaisse
1 cuil. à soupe de sirop de sucre

Le bon truc

Dans la confection des meringues, il est essentiel d'incorporer le sucre petit à petit. Si le sucre est mal dissous dans le blanc d'œuf, il va cristalliser à la cuisson et faire transpirer les meringues.

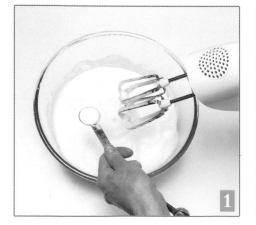

Mousse glacée chocolat-framboises

1 Cassez les biscuits à la cuiller en petits morceaux et répartissez-les dans 4 coupes en verre individuelles. Mélangez le jus d'orange avec le Grand Marnier et répartissez ce jus sur les biscuits. Couvrez les coupes de film alimentaire et laissez refroidir 30 minutes au réfrigérateur.

2 Pendant ce temps, placez la crème fraîche dans une petite casserole à fond épais et portez doucement à ébullition en remuant de temps en temps. Retirez la casserole du feu et ajoutez le chocolat noir en morceaux. Laissez reposer ainsi 7 minutes, puis battez le chocolat et la crème fraîche au fouet jusqu'à ce que le chocolat ait fondu.

Le mélange doit être parfaitement lisse et homogène. Laissez refroidir complètement.

3 Passez les framboises congelées et le sucre glace au robot ou au mixeur et mixez grossièrement.

4 Incorporez les morceaux de framboises dans la préparation à la crème fraîche et au chocolat et mélangez délicatement. Recouvrez de cette préparation les biscuits à la cuiller qui ont eu le temps de refroidir. Saupoudrez d'un peu de cacao en poudre et décorez avec les framboises entières, les feuilles de menthe et les copeaux de chocolat. Servez immédiatement.

INGRÉDIENTS
Pour 4 coupes

12 biscuits à la cuiller
le jus de 2 oranges
2 cuil. à soupe de Grand Marnier
300 ml de crème fraîche épaisse
175 g de chocolat noir cassé
  en petits morceaux
225 g de framboises congelées
6 cuil. à soupe de sucre glace
  tamisé
cacao en poudre pour
  le saupoudrage

Pour la décoration
quelques framboises fraîches
  entières
quelques feuilles de menthe
petits copeaux de chocolat blanc

Le bon truc

Sortez les framboises du congélateur une vingtaine de minutes avant de les hacher en morceaux. Elles auront ainsi le temps de ramollir, mais resteront congelées et ne se transformeront pas en purée.

Terrine de chocolat blanc et compote de fruits rouges

1 Réglez le congélateur sur congélation rapide au moins 2 heures avant de passer en cuisine. Graissez légèrement un moule à cake. Tapissez-le de film alimentaire en prenant soin de faire le moins de plis possible. Cassez le chocolat blanc en petits morceaux dans un récipient résistant à la chaleur, placé au-dessus d'une casserole d'eau frémissante. Laissez fondre 20 minutes, puis retirez du feu et remuez jusqu'à obtenir une pâte lisse. Laissez refroidir.

2 Fouettez la crème fraîche jusqu'à ce qu'elle forme de petits pics. Battez le fromage frais pour obtenir une texture légère et crémeuse. Toujours en battant, ajoutez le zeste d'orange râpé et 50 g de sucre en poudre. Mélangez bien puis incorporez la crème fraîche fouettée et le chocolat blanc fondu et refroidi.

3 Garnissez le moule à cake de cette préparation et lissez le dessus. Placez au réfrigérateur au moins 4 heures jusqu'à complète congélation. Une fois la terrine congelée, n'oubliez pas de remettre le congélateur en position normale.

4 Faites chauffer doucement les petits fruits et le reste de sucre dans une casserole à fond épais en remuant de temps en temps, jusqu'à ce que le sucre soit dissous et que les fruits commencent à donner leur jus. Ajoutez le Cointreau.

5 Plongez le moule 30 secondes dans l'eau chaude avant de le retourner pour démouler sur le plat de service. Retirez délicatement le moule et le film alimentaire. Décorez avec la menthe et servez en tranches avec la compote de fruits rouges.

INGRÉDIENTS
Pour 8 personnes

225 g de chocolat blanc
300 ml de crème fraîche épaisse
225 g de fromage frais entier sucré
2 cuil. à soupe de zeste d'orange
   finement râpé
125 g de sucre en poudre
350 g de petits fruits : fraises,
   framboises, myrtilles
1 cuil. à soupe de Cointreau
quelques brins de menthe fraîche
   pour la décoration

Le bon truc

Versez de l'eau bouillante dans un petit pot et trempez-y votre couteau quelques secondes. Essuyez le couteau et coupez la terrine en tranches, en renouvelant l'opération si nécessaire.

Gâteau chocolaté aux fruits rouges

1 Graissez légèrement un moule rond et haut de 20 cm de diamètre, à fond amovible, et tapissez-le de papier sulfurisé. Mettez les sablés dans un sac plastique et écrasez-les au rouleau. (On peut aussi les broyer au robot.) Faites fondre le beurre dans une casserole à fond épais, ajoutez les sablés écrasés et mélangez bien. Déposez ce mélange au fond du moule en tassant bien et laissez refroidir 20 minutes au réfrigérateur.

2 Pour la garniture, sortez le fromage frais du réfrigérateur au moins 20 minutes avant utilisation, pour qu'il soit à température ambiante. Dans un saladier, battez le fromage jusqu'à obtenir une pâte lisse. Réservez.

3 Versez la gélatine en pluie dans un récipient contenant 4 cuillerées à soupe d'eau. Laissez reposer 5 minutes pour obtenir une texture moelleuse. Placez ce récipient au-dessus d'une casserole d'eau frémissante jusqu'à dissolution en remuant de temps en temps. Laissez tiédir.

4 Faites fondre le chocolat à l'orange dans un récipient résistant à la chaleur, placé au-dessus d'une casserole d'eau frémissante, puis laissez tiédir.

5 Fouettez la crème fraîche jusqu'à ce qu'elle forme de petits pics. Tout en battant, mélangez la gélatine et le chocolat avec le fromage battu. Incorporez ce mélange à la crème fouettée. Garnissez le moule de cette préparation et lissez le dessus. Laissez refroidir 4 heures au réfrigérateur jusqu'à ce que la préparation ait pris.

6 Démoulez le cheesecake sur un plat de service. Décorez le dessus avec les petits fruits, saupoudrez de sucre glace. Quelques brins de menthe offriront la touche finale.

INGRÉDIENTS
Pour 8 personnes

225 g de sablés habillés d'une couche de chocolat noir
50 g de beurre
450 g de petits fruits, myrtilles, fraises ou framboises
1 cuil. à soupe de sucre glace tamisé
quelques brins de menthe fraîche pour la décoration

Pour la garniture

450 g de fromage frais sucré
1 cuil. à soupe de gélatine
350 g de chocolat à l'orange cassé en morceaux
600 ml de crème fraîche épaisse

Le bon truc

Veillez à bien répartir la gélatine dans la préparation en battant vigoureusement. Incorporez la gélatine à la préparation et non la préparation à la gélatine, sans quoi elle aurait tendance à former un bloc compact en prenant.

1

5

6

Riz au lait aux pépites de chocolat

1 Préchauffez le four à 170 °C (th. 4) 10 minutes à l'avance. Beurrez légèrement un grand moule à soufflé. Rincez le riz. Répartissez-le au fond du moule et recouvrez avec le sucre en poudre.

2 Versez le lait concentré non sucré et le lait dans une casserole à fond épais et portez lentement à ébullition à feu doux, en remuant de temps en temps pour que ce mélange n'attache pas. Versez sur le riz et le sucre et remuez jusqu'à ce que le tout soit bien mélangé et le sucre dissous.

3 Râpez un petit peu de noix de muscade sur cette préparation, puis saupoudrez de cannelle en poudre, selon vos goûts. Recouvrez hermétiquement

de papier d'aluminium et enfournez 30 minutes.

4 Sortez ce riz au lait du four et remuez pour éliminer les grumeaux éventuels. Couvrez à nouveau de papier d'aluminium et repassez au four 30 minutes. Sortez le riz au lait et remuez encore pour éliminer les nouveaux grumeaux.

5 Incorporez les pépites de chocolat dans le riz au lait, et ajoutez quelques noisettes de beurre sur le dessus. Réenfournez 45 minutes sans couvrir jusqu'à ce que le riz soit tendre et que la peau en surface prenne une belle couleur dorée. Servez chaud avec ou sans la peau, selon votre goût. Accompagnez de tranches de fraises et d'une cuillerée de crème fraîche.

INGRÉDIENTS
Pour 4 coupes

60 g de riz rond
75 g de sucre en poudre
1 boîte de 400 g de lait concentré non sucré
600 ml de lait
1 pincée de noix de muscade fraîchement râpée
1/4 de cuil. à café de cannelle en poudre (facultatif)
50 g de pépites de chocolat
25 g de beurre
quelques tranches de fraises fraîches pour décorer
crème fraîche, pour accompagner

Le bon truc

Si vous ne disposez pas de pépites de chocolat, broyez une plaque de chocolat noir en petits morceaux.

Gâteau fondant chocolat-orange

1 Préchauffez le four à 180 °C (th. 5) 10 minutes à l'avance. Graissez légèrement un moule rond et haut de 20 cm de diamètre à fond amovible. Diluez le sucre roux et trois cuillerées à soupe d'eau dans une petite casserole à fond épais et faites chauffer doucement jusqu'à dissolution du sucre. Inclinez la casserole ou remuez avec une cuiller en bois propre pour vérifier que le sucre soit bien dissous, puis portez à ébullition et laissez bouillir rapidement jusqu'à la formation d'un beau caramel doré. Versez ce caramel dans le fond du moule et laissez refroidir.

2 Pour la génoise, battez le beurre et le sucre jusqu'à obtenir un mélange léger et crémeux. Incorporez les œufs un à un en battant bien après chaque œuf. Ajoutez une cuillerée de farine pour que le mélange ne tourne pas. Incorporez le chocolat tout en remuant, puis le zeste d'orange, la farine avec levure et le cacao en poudre tamisé. Mélangez bien le tout.

3 Épluchez les deux oranges en prenant soin de laisser le moins de peaux possibles. Coupez l'écorce en fines bandes et les oranges en tranches. Disposez les écorces et les tranches d'oranges sur le caramel. Recouvrez avec la génoise et lissez en surface.

4 Posez le moule sur une plaque à pâtisserie et enfournez 40 à 45 minutes, jusqu'à ce que le gâteau prenne une belle couleur dorée. Une brochette plantée dans le gâteau doit ressortir sèche. Sortez du four et laissez reposer 5 minutes avant de démouler sur un plat de service. Saupoudrez de cacao en poudre. Servez avec de la crème anglaise.

INGRÉDIENTS
Pour 6 personnes

Pour le nappage
175 g de sucre roux
2 oranges

Pour la génoise
175 g de beurre ramolli
175 g de sucre en poudre
3 œufs moyens battus
175 g de farine avec levure tamisée
50 g de chocolat noir fondu
le zeste râpé de 1 orange
25 g de cacao en poudre tamisé
crème anglaise

Le bon truc

Lorsque vous préparez le caramel, à l'étape 1, veillez à ce que le sucre soit complètement dissous et qu'il ne reste aucune trace de sucre sur les côtés de la casserole, au risque de voir votre caramel cristalliser.

Tiramisu aux fruits et au chocolat

1 Coupez les fruits de la passion en deux, prélevez les graines et réservez. Plongez les nectarines ou les pêches 2 à 3 minutes dans l'eau bouillante.

2 Sortez délicatement les fruits de l'eau, coupez-les en deux et retirez le noyau. Pelez-les et découpez la chair en tout petits morceaux. Réservez.

3 Cassez les biscuits à la cuiller et les biscuits amaretti en deux. Versez la liqueur d'amaretto et le café noir dans un plat peu profond, et mélangez bien. Faites tremper la moitié des biscuits à la cuiller et des biscuits amaretti dans le mélange à l'amaretto et au café pendant 30 secondes.

4 Sortez les biscuits du mélange liquoreux et disposez-les dans le fond de 4 coupes individuelles en verre assez hautes.

5 Battez le mascarpone jusqu'à obtenir une texture légère et crémeuse, puis en battant doucement, ajoutez la crème anglaise et mélangez bien le tout.

6 Déposez cette préparation dans les coupes, sur les biscuits, et saupoudrez avec 125 g de chocolat noir râpé ou broyé.

7 Disposez la moitié des graines des fruits de la passion et les morceaux de nectarines ou de pêches sur le chocolat et saupoudrez avec la moitié du cacao en poudre tamisé.

8 Faites tremper 30 secondes le reste des biscuits dans le mélange au café, puis disposez-les sur les fruits et le cacao en poudre. Recouvrez avec le reste de chocolat, de nectarines ou de pêches, puis avec la préparation au mascarpone en couche épaisse.

9 Laissez refroidir 1 h 30 au réfrigérateur, puis décorez les coupes avec les graines de fruits de la passion et le cacao en poudre restant. Laissez refroidir 30 minutes au réfrigérateur avant de servir.

INGRÉDIENTS
Pour 4 coupes

2 fruits de la passion bien mûrs
2 nectarines ou pêches fraîches
75 g de biscuits à la cuiller
125 g de biscuits amaretti
5 cuil. à soupe de liqueur d'amaretto
6 cuil. à soupe de café noir liquide
250 g de mascarpone (fromage blanc italien)
450 ml de crème anglaise prête à l'emploi
200 g de chocolat noir broyé ou râpé
2 cuil. à soupe de cacao en poudre tamisé

Un peu d'info

Le mascarpone est un fromage blanc italien, très riche en matière grasse, à la texture et à la saveur crémeuses. C'est un ingrédient classique du tiramisu. En le mélangeant avec de la crème anglaise prête à l'emploi, comme dans cette recette, on obtient une texture plus légère.

Pain brioché au chocolat et aux raisins

1 Préchauffez le four à 180 °C (th. 5), 10 minutes à l'avance. Beurrez légèrement un plat peu profond allant au four. Cassez le chocolat en petits morceaux dans un récipient résistant à la chaleur. Placez-le au-dessus d'une casserole d'eau frémissante. Faites chauffer à feu doux en remuant fréquemment jusqu'à ce que le chocolat ait fondu et forme une pâte lisse. Enlevez du feu et laissez reposer environ 10 minutes, le temps que le chocolat commence à épaissir.

2 Coupez le pain aux raisins en tranches pas trop épaisses et tartinez-les de chocolat fondu. Attendez que le chocolat ait presque durci, puis coupez chaque tranche en deux de façon à former un triangle.

Posez en couches dans le plat allant au four les tranches de pain et les morceaux d'abricots.

3 Battez ensemble la crème et le lait, puis incorporez le sucre, toujours en battant. Battez les œufs et incorporez-les progressivement à la préparation précédente. Battez jusqu'à ce que le mélange soit homogène. Versez sur les tranches de pain et les abricots et laissez reposer 30 minutes.

4 Saupoudrez de sucre de canne. Placez le plat dans un autre plat empli à moitié d'eau bouillante. Mettez au four 45 minutes, jusqu'à ce que le pain soit doré et que la crème anglaise ait commencé à prendre. Servez immédiatement.

INGRÉDIENTS
Pour 4 personnes

175 g de chocolat noir
1 petit pain de mie aux raisins
125 g d'abricots secs coupés
  en gros morceaux
450 ml de crème fraîche liquide
300 ml de lait
1 cuil. à soupe de sucre
3 œufs moyens
3 cuil. à soupe de sucre blond
  de canne pour saupoudrer

Le bon truc

Il est essentiel de laisser reposer la préparation 30 minutes comme il est indiqué à l'étape 3. Cela permet à la crème anglaise d'imprégner le pain, sans quoi elle prendrait autour du pain lors de la cuisson et le gâteau serait bourratif.

Crumble au chocolat

1 Préchauffez le four à 190 °C (th. 5), 10 minutes à l'avance. Graissez légèrement un plat allant au four.

2 Pour le crumble, tamisez la farine dans un grand saladier. Ajoutez le beurre coupé en petits dés. Frottez le beurre et la farine entre vos paumes pour obtenir un mélange ayant une consistance proche de la semoule.

3 Incorporez le sucre, les flocons d'avoine et les noisettes concassées et réservez.

4 Pour la garniture, épluchez les pommes, enlevez-en le cœur et coupez-les en tranches épaisses. Mettez-les dans une grande casserole à fond épais avec le jus de citron et 3 cuillerées d'eau. Ajoutez les raisins secs, les raisins et le sucre roux. Portez à ébullition à feu moyen, couvrez et laissez frémir à feu doux 8 à 10 minutes, en remuant de temps en temps, jusqu'à ce que les pommes aient légèrement ramolli.

5 Enlevez la casserole du feu et laissez tiédir, avant d'incorporer les poires, la cannelle en poudre et le chocolat en morceaux. Remuez.

6 Versez l'appareil dans le plat allant au four. Répartissez le crumble de façon régulière sur le dessus, puis mettez au four 35 à 40 minutes, jusqu'à ce que la surface soit dorée. Sortez du four, saupoudrez de sucre et servez immédiatement.

INGRÉDIENTS
Pour 4 personnes

Pour le crumble
125 g de farine
125 g de beurre
75 g de sucre roux
50 g de flocons d'avoine
50 g de noisettes concassées

Pour la garniture
450 g de pommes reinettes
1 cuil. à soupe de jus de citron
50 g de raisins secs
50 g de raisins sans pépins
50 g de sucre roux
350 g de poires épluchées, coupées en morceaux, sans le cœur
1 cuil. à café de cannelle en poudre
125 g de chocolat noir en gros morceaux
2 cuil. à café de sucre pour saupoudrer

Une question de goût

Les pommes reinettes ont une saveur acidulée et demandent un peu plus de sucre que d'autres variétés. Elles sont surtout idéales pour la cuisson car elles se transforment très vite en purée.

Si vous préférez, vous pouvez utiliser des Golden ou des Granny Smith, en réduisant alors la dose de sucre.

Mousse aux raisins et au cognac

1 Placez les raisins et le sucre dans un saladier et arrosez de cognac. Mélangez soigneusement et recouvrez de film alimentaire. Remuez de temps à autre pendant le temps de trempage.

2 Cassez le chocolat en petits morceaux dans un petit récipient résistant à la chaleur, placé au-dessus d'une casserole d'eau frémissante. Faites chauffer à feu doux et remuez de temps à autre jusqu'à ce que le chocolat ait fondu et forme une pâte lisse. Enlevez le saladier et laissez reposer environ 10 minutes, le temps que le chocolat refroidisse et commence à épaissir. Avec une cuiller en métal ou une spatule en caoutchouc, incorporez délicatement la crème anglaise.

3 Battez la crème fraîche jusqu'à ce qu'elle forme de petits pics. Incorporez dans la préparation précédente avec le café. Ajoutez les raisins imbibés de cognac et le cognac restant dans le saladier et mélangez délicatement.

4 Battez le blanc d'œuf en neige ferme dans un saladier propre, ne comportant aucune trace de graisse, versez-en 1 cuillerée dans la préparation au chocolat et mélangez légèrement. Ajoutez le reste du blanc en neige et remuez délicatement pour bien mélanger. Transvasez dans 4 grands verres et mettez au réfrigérateur 2 heures.

5 Juste avant de servir, versez un tourbillon de crème fouettée au sommet de chaque mousse et décorez de copeaux de chocolat.

INGRÉDIENTS
Pour 4 coupes

125 g de raisins secs
1 cuil. à café de sucre roux
3 cuil. à soupe de cognac
200 g de chocolat noir
150 g de crème anglaise toute
 prête
300 ml de crème fraîche épaisse
1 cuil. à soupe de café noir
1 blanc d'œuf moyen
50 ml de crème fraîchement
 fouettée
copeaux de chocolat pour décorer

Une question de goût

Essayez de vous procurer des raisins secs gros et charnus. Ils absorbent particulièrement bien l'alcool.

Poires pochées au chocolat

1 Versez les 300 ml de vin rouge et 150 ml d'eau dans une casserole à fond épais. Ajoutez le sucre, le zeste et le jus d'orange, le gingembre et remuez. Portez à ébullition à feu doux, en remuant de temps à autre, le temps que le sucre soit dissous. Faites alors bouillir 5 minutes, puis enlevez du feu.

2 Avec un épluche-légumes, épluchez soigneusement les poires, sans enlever les queues. Vous pouvez évider les poires par la base, mais le résultat sera plus esthétique si vous laissez les cœurs. Pour que les poires se tiennent droites, coupez une fine tranche à la base.

3 Posez délicatement les poires dans le sirop chaud, remettez sur le feu, couvrez et laissez frémir 20 minutes, en tournant les poires de temps en temps, jusqu'à ce qu'elles soient tendres. Enlevez du feu et laissez refroidir dans le sirop, en tournant à nouveau les poires. Transférez les poires dans un grand plat à l'aide d'une écumoire.

4 Passez le sirop au chinois et portez-le à nouveau à ébullition. Laissez bouillir jusqu'à ce qu'il réduise et épaississe. Ajoutez le chocolat, la crème fraîche et le sucre dans la casserole et portez à ébullition à feu très doux, en remuant sans arrêt jusqu'à ce que le chocolat ait fondu. Disposez les poires sur des assiettes de service et nappez de chocolat. Servez immédiatement.

INGRÉDIENTS
Pour 4 poires

300 ml de vin rouge
125 g de sucre
le zeste râpé et le jus de 1 petite orange
2 cm de gingembre frais épluché et coupé en morceaux
4 poires fermes, comme des Williams ou des Conférence
175 g de chocolat noir
150 ml de crème fraîche épaisse
25 g de sucre roux cristallisé

Une question de goût

Choisissez des poires mûres mais encore fermes. Vous pouvez aussi utiliser des poires qui ne sont pas mûres. Les poires Conférence ont une peau verte, même à maturité et elles ont une forme allongée très élégante.

Crème brûlée au chocolat

1 Rincez délicatement les framboises et laissez-les sécher sur du papier absorbant. Lorsqu'elles sont sèches, répartissez-les entre 10 ramequins ou plats individuels de 150 ml.

2 Battez le sucre et les jaunes d'œufs dans un grand saladier jusqu'à obtenir une pâte très épaisse. Versez la crème fraîche dans une casserole à fond épais, portez à ébullition sur feu moyen à vif. Enlevez du feu, incorporez progressivement dans le mélange d'œufs, en battant, puis ajoutez l'extrait de vanille, toujours en battant.

3 Placez le saladier au-dessus d'une casserole d'eau frémissante et laissez cuire 15 à 20 minutes, en remuant souvent, jusqu'à ce que la crème anglaise soit épaisse et nappe le dos d'une cuiller en bois.

4 Enlevez le saladier de la casserole, ajoutez le chocolat blanc en morceaux, et remuez jusqu'à ce que le chocolat ait fondu et qu'il soit bien mélangé. Versez dans les ramequins sur les framboises et laissez refroidir. Recouvrez de film alimentaire et mettez au réfrigérateur 6 heures, jusqu'à ce que la préparation soit ferme.

5 Préchauffez le grill. Sortez les ramequins et saupoudrez chacun de 1 cuillerée à soupe de sucre roux, en veillant à ce que toute la surface de la crème anglaise soit couverte.

6 Faites cuire sous le grill 5 à 6 minutes, jusqu'à ce que le sucre ait fondu et commence à caraméliser. Puis sortez les ramequins du four, laissez tiédir et remettez au réfrigérateur au moins 1 heure. Servez dès la sortie du réfrigérateur.

INGRÉDIENTS
Pour 6 ramequins

175 g de framboises fraîches
125 g de sucre
5 jaunes d'œufs moyens
600 ml de crème fraîche épaisse
1 cuil. à café d'extrait de vanille
175 g de chocolat blanc
  en morceaux
6 cuil. à soupe de sucre blond
  de canne

Le bon truc

La plupart des chefs utilisent un chalumeau pour faire fondre le sucre au-dessus de la crème, car c'est le procédé le plus rapide. Faites très attention si vous en utilisez un, en particulier lorsque vous l'allumez. Sinon, utilisez le grill. Il doit être très chaud, et la crème bien froide afin qu'elle garde sa fermeté.

Diplomate au chocolat

1 Coupez le gâteau roulé en tranches épaisses et étalez sur chacune un peu de confiture de fraises. Disposez les tranches au fond d'un grand saladier en verre. Arrosez-les avec le xérès et le cognac et laissez reposer 10 minutes pour une bonne imprégnation. Coupez les fraises en deux et répartissez-les sur les tranches avec la moitié des dés de mangue.

2 Cassez le chocolat en petits morceaux dans un récipient résistant à la chaleur, placé au-dessus d'une casserole d'eau frémissante. Faites chauffer à feu doux en remuant de temps à autre jusqu'à ce que le chocolat ait fondu et forme une pâte lisse et sans grumeaux.

3 Dans un saladier, mélangez la préparation pour crème anglaise et le lait jusqu'à obtenir une pâte lisse. Versez-la dans une casserole à fond épais. Mettez sur feu doux et faites cuire en remuant sans arrêt jusqu'à ce que la crème anglaise soit lisse et épaisse. Ajoutez le chocolat fondu et mélangez pour former une pâte lisse. Enlevez du feu et laissez refroidir. Incorporez le mascarpone et remuez.

4 Versez la crème anglaise sur les fruits et mettez au réfrigérateur 1 heure. Battez la crème fraîche jusqu'à ce qu'elle forme des petits pics et recouvrez-en la surface de la crème anglaise durcie. Éparpillez les amandes effilées et décorez avec les fraises entières et les dés de mangue restants.

INGRÉDIENTS
Pour 4 personnes

1 ½ gâteau roulé au chocolat, fait maison ou tout prêt

4 cuil. à soupe de confiture de fraises

3 cuil. à soupe de xérès

3 cuil. à soupe de cognac

350 g de fraises fraîches

2 petites mangues épluchées, dénoyautées, coupées en dés

200 g de chocolat noir

2 cuil. à soupe de préparation pour crème anglaise

2 cuil. à soupe de sucre cristallisé

300 ml de lait entier

250 g de mascarpone (fromage blanc italien)

300 ml de crème fraîche épaisse

15 g d'amandes effilées grillées

Une question de goût

Vous pouvez bien sûr utiliser de la crème anglaise toute prête. Faites-la chauffer doucement, puis incorporez-la au mélange de chocolat et de mascarpone.

Profiteroles au chocolat

1 Préchauffez le four à 220 °C (th. 7), 15 minutes à l'avance. Graissez légèrement 2 plaques à pâtisserie. Pour la pâte, mettez l'eau et le beurre dans une casserole à fond épais et portez à ébullition. Enlevez du feu et incorporez la farine en battant. Remettez sur le feu et laissez cuire 1 minute sans cesser de remuer, jusqu'à la formation d'une boule de pâte au centre de la casserole.

2 Enlevez du feu et laissez tiédir. Incorporez alors les œufs un par un en battant énergiquement après l'introduction de chacun. Une fois tous les œufs incorporés, battez la pâte jusqu'à ce qu'elle soit lisse et luisante. Formez, à la cuiller ou à la poche à douille, 20 petites boules sur les plaques à pâtisserie, en les espaçant largement car la pâte va gonfler à la cuisson.

3 Mettez au four 25 minutes, jusqu'à ce que les choux aient

monté et soient dorés. Baissez la température du four à 180 °C (th. 5). Faites un trou dans chaque chou et laissez cuire encore 5 minutes. Sortez du four et laissez refroidir.

4 Pour la crème anglaise, mettez le lait et la noix de muscade dans une casserole à fond épais et portez à ébullition. Dans une autre casserole, battez ensemble les jaunes d'œufs, le sucre et les farines, puis ajoutez le lait chaud en battant. Portez à ébullition et laissez frémir 2 minutes sans cesser de battre. Couvrez et laissez tiédir.

5 Versez la crème anglaise à la cuiller dans les profiteroles. Disposez sur un grand plat de service. Placez tous les ingrédients de la sauce dans une petite casserole et portez à ébullition, puis laissez frémir 10 minutes. Enlevez du feu et laissez tiédir avant de servir avec les profiteroles.

INGRÉDIENTS
Pour 20 profiteroles

Pour la pâte
150 ml d'eau
50 g de beurre
65 g de farine tamisée
2 œufs moyens légèrement battus

Pour la crème anglaise
300 ml de lait
1 pincée de noix de muscade fraîchement râpée
3 jaunes d'œufs moyens
50 g de sucre
2 cuil. à soupe de farine tamisée
2 cuil. à soupe de farine de maïs tamisée

Pour la sauce
175 g de sucre roux
150 ml d'eau bouillante
1 cuil. à café de café instantané
1 cuil. à soupe de cacao en poudre
1 cuil. à soupe de cognac
75 g de beurre
1 cuil. à soupe de caramel liquide

Glace aux pépites de chocolat

1 Réglez le congélateur en position de congélation rapide. Faites chauffer dans une casserole les framboises, le sucre et le jus de citron, faites frémir 5 minutes. Laissez tiédir et réduisez en purée au robot. Passez au chinois pour supprimer les pépins. Réservez le coulis.

2 Versez le lait dans une casserole à fond épais avec la gousse de vanille. Portez à ébullition sur feu doux. Enlevez du feu et laissez infuser 30 minutes. Retirez la gousse de vanille.

3 Battez ensemble les jaunes d'œufs et le sucre jusqu'à ce que le mélange blanchisse et devienne crémeux, puis incorporez progressivement le lait vanillé en battant. Versez l'appareil dans une casserole propre, à feu doux, et portez à ébullition. Faites cuire, toujours à feu doux et en remuant sans arrêt, jusqu'à ce que le mélange épaississe et nappe le dos d'une cuiller en bois. Ne laissez pas bouillir, sinon il tournerait. Une fois la bonne consistance atteinte, couvrez de film alimentaire et laissez la crème refroidir complètement.

4 Cassez la moitié du chocolat en petits morceaux dans un récipient résistant à la chaleur. Placez celui-ci au-dessus d'une casserole d'eau frémissante. Faites chauffer à feu doux et remuez souvent jusqu'à ce que le chocolat ait fondu en pâte lisse. Enlevez du feu et laissez refroidir.

5 Battez la crème fraîche bien ferme et incorporez à la crème anglaise refroidie. Cassez le reste du chocolat en petits morceaux. Incorporez à la préparation précédente. Versez dans un récipient rigide et mettez 1 heure au congélateur.

6 Sortez du congélateur et battcz pour casser tous les cristaux de glace. Répétez deux fois le processus de congélation et de battage, puis laissez au congélateur encore 4 heures, jusqu'à ce que la glace soit dure. Mettez-la 30 minutes au réfrigérateur pour une consistance onctueuse et servez-la accompagnée de fruits frais et du coulis de framboises. N'oubliez pas de remettre le congélateur en position de congélation normale.

INGRÉDIENTS
Pour 4 personnes

350 g de framboises fraîches ou décongelées

25 g de sucre glace, à doser selon votre goût

2 cuil. à soupe de jus de citron

600 ml de lait

1 gousse de vanille vidée de ses graines

6 jaunes d'œufs moyens

125 g de sucre

450 g de chocolat noir

150 ml de crème fraîche épaisse

fruits frais de votre choix pour accompagner

Le bon truc

Pour que les opérations soient plus faciles, vous pouvez utiliser un batteur électrique lors de l'étape 6.

Charlotte au chocolat
et à l'orange

1 Graissez un moule à cake de 900 g et garnissez-le de film alimentaire, en l'étirant au maximum. Coupez les biscuits à la cuiller à hauteur du moule et disposez-les tout autour.

2 Mettez le chocolat, le beurre et l'eau de fleur d'oranger dans une casserole à fond épais, à feu doux, et remuez de temps à autre jusqu'à ce que le chocolat ait fondu et forme une pâte lisse. Enlevez la casserole du feu, ajoutez le cacao en poudre et 50 g de sucre glace. Remuez jusqu'à obtenir une pâte lisse et incorporez les jaunes d'œufs en battant.

3 Dans un saladier propre, ne comportant aucune trace de graisse, montez les blancs d'œufs. Incorporez le reste du sucre glace et battez à nouveau. Le mélange doit être ferme et luisant. Incorporez les blancs d'œufs dans le chocolat fondu et, avec une cuiller en métal ou une spatule en caoutchouc, remuez pour mélanger intimement.

4 Versez la préparation dans le moule et lissez la surface. Couvrez et faites rafraîchir au réfrigérateur jusqu'à ce que la mousse ait pris.

5 Pendant ce temps, placez le sucre glace et 150 ml d'eau dans une casserole à fond épais et chauffez jusqu'à ce que le sucre soit dissous. Portez à ébullition et laissez bouillir 5 minutes. Ajoutez les tranches d'orange et laissez frémir 2 à 4 minutes jusqu'à ce qu'elles soient opaques. Égouttez sur du papier absorbant et réservez.

6 Vérifiez que l'extrémité des biscuits ne dépasse pas le niveau de la mousse, coupez-les au besoin. Renversez sur une assiette et retirez le moule et le film alimentaire.

7 Fouettez la crème fraîche bien ferme et transvasez-la à la cuiller dans une poche à douille à embout étoilé. Composez des tourbillons de crème fraîche sur la mousse et décorez avec les tranches d'orange. Faites rafraîchir au réfrigérateur avant de servir.

INGRÉDIENTS
Pour 8 personnes

8 à 12 biscuits à la cuiller
225 g de chocolat noir cassé en morceaux
225 g de beurre doux
2 cuil. à soupe d'eau de fleurs d'oranger
40 g de cacao en poudre tamisé
125 g de sucre glace tamisé
5 œufs moyens, jaune et blanc séparés
50 g de sucre
1 orange coupée en tranches fines
300 ml de crème fraîche épaisse

Le bon truc

En remplissant la poche à douille, essayez d'éviter les grosses bulles d'air qui perturberaient l'écoulement de la crème.

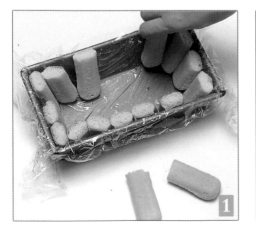

Truffes rhum-chocolat

1 Pour les truffes au chocolat, cassez le chocolat en morceaux dans un récipient résistant à la chaleur, placé au-dessus d'une casserole d'eau frémissante. Faites chauffer à feu doux 20 minutes, jusqu'à ce que le chocolat ait fondu. Remuez jusqu'à obtenir une pâte lisse et enlevez du feu. Laissez reposer environ 6 minutes.

2 Battez ensemble le beurre, les jaunes d'œufs, le cognac ou le kirsch et la crème fraîche épaisse jusqu'à ce que le mélange soit lisse. Incorporez le chocolat fondu et battez jusqu'à ce que l'appareil épaississe. Couvrez et laissez refroidir environ 30 minutes. Puis mettez au réfrigérateur 1 h 30, le temps que la pâte soit ferme.

3 Divisez la pâte en 24 truffes et enrobez-en les cerises égouttées. Roulez soigneusement les truffes dans le cacao en poudre. Placez-les dans des caissettes à petits fours en papier et faites rafraîchir au réfrigérateur 2 heures avant de servir.

4 Pour les truffes au rhum, cassez le chocolat en petits morceaux et mettez-le dans une casserole à fond épais avec la crème et le rhum. Faites chauffer à feu doux jusqu'à ce le chocolat ait fondu et remuez pour obtenir une pâte lisse. Incorporez la poudre d'amandes, versez dans un petit saladier et mettez au réfrigérateur au moins 6 heures, le temps que le mélange épaississe.

5 Sortez la pâte à truffes du réfrigérateur et, avec une cuiller à café, formez de petites boules de la taille d'une cerise. Roulez-les dans le sucre glace tamisé et posez-les dans des caissettes à petits fours en papier. Laissez les truffes au réfrigérateur jusqu'au moment de servir.

Une question de goût

Ces truffes sont très faciles à confectionner et sont un cadeau toujours agréable à recevoir. Roulez-en une partie dans le sucre glace, d'autres dans le cacao en poudre. Disposez-les en quinconce dans une jolie boîte.

INGRÉDIENTS
Pour 44 truffes

Pour les truffes au chocolat
225 g de chocolat noir
25 g de beurre ramolli
2 jaunes d'œufs moyens
2 cuil. à café de cognac ou de kirsch
2 cuil. à café de crème fraîche épaisse
24 cerises griottes au sirop, égouttées
2 cuil. à soupe de cacao en poudre tamisé

Pour les truffes au rhum
125 g de chocolat noir
2 cuil. à soupe de rhum
125 ml de crème fraîche épaisse
50 g d'amandes en poudre
2 cuil. à soupe de sucre glace tamisé

Moelleux à l'abricot et aux amandes

1 Préchauffez le four à 180 °C (th. 5), 10 minutes à l'avance. Graissez 2 moules à manqué ronds de 23 cm de diamètre et garnissez-les de papier sulfurisé. Battez ensemble le beurre et le sucre jusqu'à ce que le mélange soit léger et mousseux, puis incorporez les jaunes d'œufs un par un, en battant vigoureusement après l'introduction de chacun. Ajoutez le chocolat fondu et refroidi, 1 cuillerée à soupe d'eau bouillie refroidie et remuez, puis incorporez la farine et la poudre d'amandes.

2 Battez les blancs d'œufs en neige ferme, et ajoutez le sucre glace progressivement en battant au fur et à mesure. Fouettez jusqu'à ce que ce mélange soit ferme, puis incorporez à la préparation précédente, en deux fois.

3 Répartissez ce nouveau mélange entre les deux moules et mettez au four 30 à 40 minutes, jusqu'à ce que le gâteau soit ferme. Laissez reposer 5 minutes avant de démouler sur des grilles métalliques. Attendez le refroidissement complet.

4 Coupez horizontalement les gâteaux en deux. Faites chauffer la confiture à feu doux, passez-la au chinois et incorporez la liqueur d'amaretto. Placez l'une des tranches de gâteau sur un plat de service, badigeonnez-la de confiture, puis posez une seconde tranche. Répétez l'opération jusqu'à la dernière tranche. Utilisez le restant de confiture pour badigeonner tout l'extérieur. Réservez le temps que la confiture prenne.

5 Pendant ce temps, battez ensemble le beurre et le chocolat jusqu'à obtenir une pâte lisse. Laissez refroidir à température ambiante le temps que la pâte soit assez épaisse pour napper. Recouvrez le dessus et les côtés du gâteau de ce glaçage au chocolat et laissez prendre avant de couper les parts et de servir.

INGRÉDIENTS
Pour 8 à 10 personnes

150 g de beurre doux ramolli

125 g de sucre

5 œufs moyens, jaunes et blancs séparés

150 g de chocolat noir fondu et refroidi

150 g de farine avec levure incorporée tamisée

50 g de poudre d'amandes

75 g de sucre glace tamisé

300 g de confiture d'abricots

1 cuil. à soupe de liqueur d'amaretto

125 g de beurre doux ramolli

125 g de chocolat noir fondu

Le bon truc

Choisissez une confiture d'abricots d'excellente qualité car elle apporte le parfum dominant du gâteau.

Tarte aux deux chocolats

1 Préchauffez le four à 180 °C (th. 5), 10 minutes à l'avance. Graissez légèrement un moule à manqué rond de 23 cm de diamètre et garnissez-le de papier sulfurisé. Battez les œufs et le sucre dans un grand saladier, jusqu'à ce que le mélange épaississe et devienne crémeux. Tamisez ensemble la farine de maïs, la farine, la farine avec levure, trois fois, et incorporez délicatement au mélange d'œufs et de sucre.

2 Versez dans le moule et mettez au four 35 à 40 minutes, jusqu'à ce que le gâteau soit ferme. Démoulez sur une grille métallique et laissez refroidir.

3 Mettez 300 ml de crème fraîche épaisse dans une casserole et portez à ébullition. Retirez immédiatement du feu, ajoutez le chocolat noir et 1 cuillerée à soupe de liqueur. Remuez jusqu'à obtenir une pâte lisse. Répétez l'opération avec le restant de crème fraîche, de chocolat blanc et de liqueur.

Faites refroidir au réfrigérateur pendant 2 heures, puis battez chaque préparation jusqu'à ce qu'elle soit épaisse et crémeuse.

4 Transvasez le mélange de chocolat noir dans une poche à douille standard et la moitié du chocolat blanc dans une autre poche à douille standard. Réservez le reste de chocolat blanc.

5 Coupez le gâteau froid en 2 tranches horizontales. Badigeonnez-les ou aspergez-les avec la liqueur restante. Placez l'une des tranches sur un plat de service. Avec les poches à douille, composez des anneaux de chocolat blanc et noir alternés qui recouvrent toute la surface de cette 1re tranche. Posez la 2e tranche au-dessus. Nappez la face supérieure et les côtés du gâteau avec le reste de chocolat blanc. Saupoudrez de cacao en poudre, coupez les parts et servez. Conservez au réfrigérateur.

INGRÉDIENTS
Pour 8 à 10 personnes

4 œufs moyens
150 g de sucre
50 g de farine de maïs
50 g de farine
50 g de farine avec levure incorporée
900 ml de crème fraîche épaisse
150 g de chocolat noir cassé en morceaux
300 g chocolat blanc cassé en morceaux
6 cuil. à soupe de Grand Marnier ou d'une autre liqueur à l'orange
cacao en poudre pour saupoudrer

Entremets chocolat-café

1 Préchauffez le four à 180 °C (th. 5), 10 minutes à l'avance. Graissez légèrement un moule à manqué rond de 23 cm de diamètre, assez profond, et garnissez-le de papier sulfurisé. Battez les œufs et le sucre dans un saladier, jusqu'à ce que le mélange soit épais et crémeux.

2 Tamisez ensemble la farine de maïs, la farine avec levure et le cacao en poudre et incorporez délicatement au mélange d'œufs et de sucre. Versez dans le moule et mettez au four 30 minutes jusqu'à ce que le gâteau soit ferme. Démoulez sur une grille métallique et laissez refroidir complètement. Coupez le gâteau froid en 2 tranches horizontales. Mélangez le lait et la liqueur de café. Badigeonnez-en les 2 tranches.

3 Dans un saladier, remuez le chocolat noir fondu froid, et dans un autre saladier le chocolat blanc fondu froid. Battez la crème fraîche jusqu'à ce qu'elle forme des pics sur le fouet, puis répartissez-la entre les deux saladiers et mélangez. Placez une tranche de gâteau dans un moule à manqué rond de 23 cm. Nappez de la moitié de la crème au chocolat blanc. Recouvrez de la crème au chocolat noir, puis du reste de crème au chocolat blanc. Posez la 2e tranche de gâteau au-dessus. Faites refroidir au réfrigérateur de 4 à 12 heures, jusqu'à ce que la crème ait pris.

4 Faites fondre le chocolat au lait et le beurre dans un récipient résistant à la chaleur placé au-dessus d'une casserole d'eau frémissante. Remuez jusqu'à obtenir une pâte lisse. Retirez du feu et laissez reposer le temps que la pâte soit assez épaisse. Nappez-en le dessus et les côtés du gâteau. Laissez prendre à température ambiante, puis faites rafraîchir au réfrigérateur. Coupez les parts et servez.

Le bon truc

À moins que vous n'ayez l'intention de confectionner beaucoup de desserts au chocolat ou au café, les liqueurs risquent de vous coûter assez cher. Choisissez plutôt les marques des supermarchés en petites bouteilles.

INGRÉDIENTS
Pour 8 à 10 personnes

3 œufs moyens
125 g de sucre
40 g de farine de maïs
40 g de farine avec levure
2 cuil. à soupe de cacao en poudre
2 cuil. à soupe de lait
2 cuil. à soupe de liqueur de café
100 g de chocolat blanc fondu
   et refroidi
200 g de chocolat noir fondu
   et refroidi
600 ml de crème fraîche épaisse
200 g de chocolat au lait
100 g de beurre doux

Gâteau marbré

1 Préchauffez le four à 180 °C (th. 5), 10 minutes à l'avance. Graissez un moule à manqué rond de 20 cm et garnissez le fond de papier sulfurisé. Cassez les chocolats blanc et noir en petits morceaux, puis mettez-les chacun dans un récipient placé au-dessus d'une casserole d'eau frémissante. Faites fondre le chocolat jusqu'à ce qu'il forme une pâte lisse.

2 Dans un grand saladier, battez ensemble le beurre et le sucre jusqu'à ce que le mélange soit léger et mousseux. Ajoutez les œufs un par un en battant et une cuillerée de farine après chaque œuf. Incorporez la poudre d'amandes. Dans un autre saladier, battez les blancs d'œufs en neige ferme. Incorporez délicatement les blancs battus et le reste de farine tamisée, en alternant, dans la préparation aux amandes. Répartissez ce mélange dans deux saladiers. Ajoutez le chocolat blanc fondu dans l'un des saladiers et remuez légèrement, puis le chocolat noir fondu dans l'autre saladier.

3 Versez à la cuiller dans le moule à manqué, en alternant chocolat noir et chocolat blanc. Faites tourner la pointe d'une brochette dans ce mélange pour obtenir un effet marbré. Tapotez le fond du moule sur le plan de travail pour égaliser la surface. Mettez au four 40 minutes, jusqu'à ce que le gâteau soit bien cuit. Laissez refroidir 5 minutes dans le moule, puis démoulez sur une grille métallique. Laissez reposer jusqu'à complet refroidissement.

4 Faites fondre le chocolat avec la crème fraîche et le beurre, remuez jusqu'à obtenir une pâte lisse. Laissez refroidir, puis battez le mélange jusqu'à ce qu'il soit assez épais pour composer un décor sur le dessus du gâteau.

INGRÉDIENTS
Pour 8 à 10 personnes

75 g de chocolat blanc
75 g de chocolat noir
175 g de sucre
175 g de beurre
4 œufs moyens, jaunes et blancs séparés
125 g de farine tamisée
75 g de poudre d'amandes

Pour le nappage
50 g de chocolat blanc cassé en morceaux
75 g de chocolat noir cassé en morceaux
50 ml de crème fraîche épaisse
100 g de beurre doux

Le bon truc

Vous pouvez poser un torchon plié sous votre saladier lorsque vous battez vigoureusement à la main. Cela empêchera le récipient de glisser et vous facilitera la tâche.

Gâteau à la crème et au chocolat

1 Préchauffez le four à 180 °C (th. 5), 10 minutes à l'avance. Graissez légèrement un moule à manqué rond de 23 cm de diamètre, assez profond, et garnissez-le de papier sulfurisé. Battez ensemble le beurre, l'extrait de vanille et le sucre, jusqu'à ce que le mélange soit léger et mousseux, puis incorporez les jaunes d'œufs un par un, en battant.

2 Tamisez ensemble la farine et le cacao en poudre et incorporez-les à la préparation précédente avec le babeurre. Battez les blancs d'œufs jusqu'à ce qu'ils forment des pics sur le fouet et incorporez-les délicatement au mélange de chocolat en deux fois. Versez cette préparation dans le moule et mettez au four 1 heure, le temps que le gâteau soit ferme. Laissez tiédir, puis démoulez sur une grille métallique jusqu'à refroidissement complet.

3 Faites fondre le chocolat et le beurre dans un récipient résistant à la chaleur, placé au-dessus d'une casserole d'eau frémissante. Remuez jusqu'à obtenir une pâte lisse, puis laissez reposer à température ambiante jusqu'à ce que le chocolat soit assez épais pour un nappage.

4 Coupez le gâteau en deux horizontalement. Étalez une partie du chocolat fondu sur une tranche, recouvrez de la 2e tranche. Nappez le dessus du gâteau, en motif irrégulier, avec le reste de chocolat fondu. Pour terminer, battez la crème fraîche bien ferme et entourez-en l'extérieur du gâteau. Faites rafraîchir au réfrigérateur jusqu'au moment de servir. Coupez alors les parts. Conservez au réfrigérateur.

INGRÉDIENTS
Pour 8 à 10 personnes

175 g de beurre
1 cuil. à café d'extrait de vanille
350 g de sucre
4 œufs moyens, jaunes et blancs séparés
100 g de farine avec levure incorporée
40 g de cacao en poudre
175 ml de babeurre
200 g de chocolat noir
100 g de beurre
300 ml de crème fraîche épaisse

Le bon truc

Si vous ne pouvez pas vous procurer de babeurre, mesurez 175 ml de lait entier et ajoutez 2 cuillerées à café de jus de citron ou de vinaigre de vin blanc. Laissez macérer 1 heure à température ambiante et utilisez comme indiqué ci-dessus.

Gâteau à la pêche et au chocolat blanc

1 Préchauffez le four à 170 °C (th. 4), 10 minutes à l'avance. Graissez légèrement un moule à manqué rond de 23 cm de diamètre, assez profond, et garnissez-le de papier sulfurisé. Battez ensemble le beurre, le zeste d'orange et le sucre jusqu'à ce que le mélange soit léger et mousseux. Ajoutez les œufs un par un et battez vigoureusement après l'introduction de chacun. Puis incorporez en battant le chocolat blanc fondu et refroidi.

2 Incorporez la farine et 175 ml d'eau, en deux fois. Versez dans le moule et mettez au four 1 h 30, jusqu'à ce que le gâteau soit ferme. Laissez reposer au moins 5 minutes avant de démouler sur une grille métallique. Attendez le refroidissement complet.

3 Pour la garniture, mettez les pêches dans un saladier et arrosez-les de liqueur. Laissez macérer

30 minutes. Battez la crème fraîche avec le sucre glace jusqu'à ce que des pics se forment sur le fouet, puis mélangez avec les pêches à la liqueur.

4 Coupez le gâteau horizontalement en 3 tranches. Placez une tranche sur un plat de service et nappez de la garniture aux pêches. Recouvrez d'une 2e tranche de gâteau, puis du reste de la garniture aux pêches. Placez la 3e tranche sur le dessus.

5 Battez la crème fraîche avec le sucre glace jusqu'à ce que des pics se forment sur le fouet. Nappez-en le dessus et le pourtour du gâteau ; vous pouvez aussi utiliser une poche à douille pour créer un motif au sommet. Pressez les noisettes sur l'extérieur du gâteau, parsemez-en également le dessus à votre gré. Laissez au réfrigérateur jusqu'au dernier moment. Coupez les parts avant de servir. Conservez au réfrigérateur.

INGRÉDIENTS
Pour 8 à 10 personnes

175 g de beurre doux ramolli
2 cuil. à café de zeste d'orange râpé
175 g de sucre
3 œufs moyens
100 g de chocolat blanc fondu et refroidi
225 g de farine avec levure incorporée tamisée
300 ml de crème fraîche épaisse
40 g de sucre glace
125 g de noisettes concassées et grillées

Pour la garniture à la pêche
2 pêches mûres épluchées et coupées en morceaux
2 cuil. à soupe de liqueur de pêche ou d'orange
300 ml de crème fraîche épaisse
40 g de sucre glace

Une question de goût

En dehors de la saison des pêches, utilisez des pêches au sirop en quartiers, égouttées.

Cake au chocolat noir et à la framboise

1 Préchauffez le four à 150 °C (th. 3), 10 minutes à l'avance. Graissez légèrement un moule à manqué carré de 23 cm et garnissez-le de papier sulfurisé. Faites fondre le beurre dans une casserole, retirez du feu, incorporez le café instantané et 225 ml d'eau chaude et remuez. Ajoutez le chocolat noir et le sucre, remuez jusqu'à obtenir une pâte lisse, puis versez dans un saladier.

2 Dans un autre saladier, tamisez ensemble la farine et le cacao en poudre. Incorporez à la pâte au chocolat et mélangez au batteur électrique. Battez jusqu'à ce que le mélange soit lisse. Ajoutez les œufs et l'extrait de vanille en continuant à battre. Versez dans le moule et mettez au four 1 h 15, jusqu'à ce que le gâteau soit ferme. Laissez reposer 7 minutes avant de démouler sur une grille métallique pour le refroidir.

3 Pendant ce temps, mélangez ensemble 200 g du chocolat noir fondu, le beurre et le sucre glace et battez pour obtenir une pâte lisse. Laissez refroidir, puis battez à nouveau. Réservez 4 à 5 cuillerées de cette garniture au chocolat.

4 Coupez en deux le gâteau refroidi pour constituer 2 rectangles, puis recoupez chaque rectangle en 3 tranches horizontales. Placez une tranche sur un plat de service, badigeonnez d'une fine couche de confiture, puis d'une fine couche de garniture au chocolat. Recouvrez d'une deuxième tranche de cake, arrosez d'un peu de liqueur, puis étalez à nouveau une fine couche de garniture. Répétez l'opération avec les tranches de cake, la liqueur et la garniture restantes.

5 Faites rafraîchir au réfrigérateur 2 à 3 heures, jusqu'à ce que le gâteau soit ferme. Nappez-le de la garniture au chocolat réservée et pressez les amandes effilées sur le pourtour.

6 Transvasez le restant de chocolat fondu dans une poche en papier sulfurisé. Coupez l'extrémité de la poche et, sur le dessus du gâteau, croisez de fines lignes espacées de 2 cm, formant des carrés. Passez une petite pique en bois dans ce glaçage pour obtenir un effet de plume. Servez immédiatement.

INGRÉDIENTS
Pour 10 à 12 personnes

175 g de beurre
1 cuil. à soupe de café instantané
150 g de chocolat noir
350 g de sucre
150 g de farine avec levure incorporée
125 g de farine
2 cuil. à soupe de cacao en poudre
2 œufs moyens
1 cuil. à café d'extrait de vanille
215 g de chocolat noir fondu
125 g de beurre fondu
40 g de sucre glace tamisé
2 cuil. à soupe de confiture de framboises
2 cuil. à soupe de liqueur de chocolat
100 g d'amandes effilées grillées

Une question de goût

Pour un gâteau richement parfumé, utilisez un chocolat noir à 70 % de cacao.

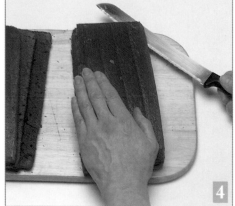

Génoise à la mousse au chocolat

1 Préchauffez le four à 180 °C (th. 5), 10 minutes à l'avance. Graissez légèrement un moule à manqué rond de 23 cm et garnissez-le de papier sulfurisé. Graissez aussi le pourtour d'un moule à bord amovible de 23 cm. Battez les œufs, le sucre et l'extrait de vanille jusqu'à ce que le mélange soit crémeux. Incorporez la farine, la poudre d'amandes et le chocolat noir. Versez cette préparation dans le moule rond et mettez au four 25 minutes, jusqu'à ce que le gâteau soit ferme. Démoulez sur une grille métallique et laissez refroidir.

2 Pour la mousse, faites tremper la gélatine dans 50 ml d'eau froide pendant 5 minutes, le temps qu'elle ramollisse. Pendant ce temps, faites chauffer la crème fraîche épaisse dans une petite casserole. Retirez du feu juste avant le point d'ébullition, incorporez le chocolat et l'extrait de vanille et remuez jusqu'à ce que le

chocolat ait fondu. Pressez la gélatine pour éliminer l'excédent d'eau et intégrez-la au chocolat. Remuez pour faire fondre la gélatine, puis versez le mélange dans un grand saladier.

3 Montez les blancs d'œufs en neige ferme, puis ajoutez progressivement le sucre en battant énergiquement au fur et à mesure. Incorporez les blancs d'œufs battus à la préparation précédente, en 2 fois.

4 Coupez le gâteau horizontalement en 2 tranches. Placez une tranche au fond du second moule. Versez dessus la mousse au chocolat, recouvrez de la seconde tranche de gâteau. Faites rafraîchir au réfrigérateur pendant 4 heures, jusqu'à ce que la mousse ait pris. Libérez le bord et démoulez. Saupoudrez de sucre glace et décorez de fraises fraîches coupées en lamelles. Coupez les parts avant de servir.

INGRÉDIENTS
Pour 8 à 10 personnes

3 œufs moyens
75 g de sucre
1 cuil. à café d'extrait de vanille
50 g de farine avec levure incorporée tamisée
25 g de poudre d'amandes
50 g de chocolat noir râpé
sucre glace pour saupoudrer
lamelles de fraises fraîches pour décorer

Pour la mousse
2 feuilles de gélatine
50 ml de crème fraîche épaisse
100 mg de chocolat noir cassé en morceaux
1 cuil. à café d'extrait de vanille
4 blancs d'œufs moyens
125 g de sucre

Le bon truc

Les feuilles de gélatine sont simples à utiliser. Faites-les tremper comme il est indiqué à l'étape 2, puis pressez-les pour éliminer l'excédent d'eau. Il faut les incorporer à un liquide chaud pour qu'elles fondent immédiatement.

Cake aux noix

1 Préchauffez le four à 170 °C (th. 4), 10 minutes à l'avance. Graissez légèrement un moule à manqué rond de 23 cm de diamètre et garnissez-le de papier sulfurisé. Graissez légèrement une plaque à pâtisserie. Diluez le cacao en poudre dans 175 ml de d'eau bouillante et laissez refroidir. Mettez la farine et 350 g de sucre dans un grand saladier, ajoutez le mélange de cacao, les jaunes d'œufs, l'huile et l'extrait de vanille. Battez jusqu'à obtenir une pâte lisse et assez pâle.

2 Battez les œufs dans un saladier propre, ne comportant aucune trace de graisse, jusqu'à ce que des pics se forment sur le fouet, puis incorporez-les à la préparation précédente.

3 Versez dans le moule et mettez au four 1 heure, jusqu'à ce que le gâteau soit ferme. Laissez reposer 5 minutes avant de démouler sur une grille métallique pour le refroidissement.

4 Pour la garniture, battez ensemble 125 g de beurre, le sucre glace, le cacao en poudre et le cognac, jusqu'à obtenir une pâte lisse. Pour le glaçage, faites fondre le beurre restant et mélangez avec 150 g du chocolat noir fondu. Remuez pour obtenir un mélange lisse et laissez épaissir.

5 Mettez le reste de sucre dans une casserole à fond épais, à feu doux, et faites chauffer jusqu'à ce qu'il ait fondu et pris une teinte brun doré.

6 Ajoutez les noix et le chocolat fondu restant dans le sucre caramélisé et versez ce mélange sur la plaque à pâtisserie. Laissez refroidir pour obtenir une plaque cassante, puis coupez en morceaux. Réservez.

7 Coupez le gâteau horizontalement en 3 tranches. Placez-en une sur un plat de service, nappez de la moitié de la garniture au cognac. Recouvrez d'une 2e tranche, étalez le reste de garniture, disposez la 3e tranche sur le dessus. Nappez le gâteau du glaçage épaissi. Répartissez le praliné aux noix sur le dessus et servez.

INGRÉDIENTS
Pour 10 à 12 personnes

50 g de cacao en poudre
300 g de farine avec levure
  incorporée
550 g de sucre
7 œufs moyens, jaunes et blancs
  séparés
125 ml d'huile végétale
1 cuil. à café d'extrait de vanille
75 g de noix
50 g de chocolat noir
200 g de chocolat noir fondu

Pour la garniture
175 g de beurre
275 g de sucre glace tamisé
2 cuil. à soupe de cacao en poudre
  tamisé
2 cuil. à soupe de cognac

Le bon truc

Ne battez pas trop le mélange lors de l'étape 2, au risque que le gâteau soit lourd alors qu'il doit avoir une texture aérée.

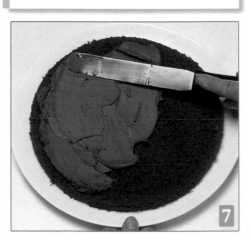

Gâteau au chocolat blanc et aux fruits de la passion

1 Préchauffez le four à 180 °C (th. 5), 10 minutes à l'avance. Graissez légèrement 2 moules à manqué ronds de 20 cm de diamètre et garnissez-les de papier sulfurisé.

2 Faites fondre le chocolat blanc dans un récipient résistant à la chaleur, placé au-dessus d'une casserole d'eau frémissante. Incorporez 125 ml d'eau chaude et remuez, puis laissez refroidir.

3 Battez ensemble le beurre et le sucre jusqu'à ce que le mélange soit léger et mousseux. Ajoutez les œufs un par un, en battant énergiquement après l'introduction de chacun. Incorporez le chocolat fondu, la crème fraîche liquide et les farines tamisées en battant. Divisez le mélange en 8 portions. Versez-en une dans chacun des 2 moules. Mettez au four 10 minutes, jusqu'à ce que les gâteaux soient fermes, puis démoulez sur des grilles métalliques. Répétez 3 fois l'opération avec le reste du mélange pour obtenir au total 8 tranches de gâteau.

4 Pour le glaçage, mettez 125 ml d'eau et 50 g de sucre dans une casserole. Faites chauffer à feu doux en remuant jusqu'à ce que le sucre soit dissous. Portez à ébullition et faites frémir 2 minutes. Laissez refroidir, puis ajoutez 2 cuillerées à soupe de jus de fruits de la passion. Réservez.

5 Mélangez le reste de sucre avec 50 ml d'eau dans une petite casserole et remuez sans arrêt, sur feu doux, sans ébullition, jusqu'à ce que le sucre soit dissous. Laissez refroidir. Incorporez le jus de fruits restant et les graines. Laissez refroidir, puis passez au chinois. Dans un saladier, battez le beurre au batteur électrique jusqu'à ce qu'il blanchisse. Progressivement, incorporez le sirop, toujours en battant.

6 Placez une tranche de cake sur un plat de service. Badigeonnez de sirop et étalez une fine couche de glaçage. Répétez l'opération avec les tranches de gâteau, le sirop et le glaçage dont vous réserverez une partie pour napper le gâteau. Disposez les copeaux de chocolat blanc sur le dessus et le pourtour du gâteau.

INGRÉDIENTS
Pour 8 à 10 personnes

125 g de chocolat blanc
125 g de beurre
225 g de sucre
2 œufs moyens
125 ml de crème fraîche liquide
200 g de farine tamisée
75 g de farine avec levure incorporée tamisée
125 g de chocolat blanc râpé en copeaux fins pour décorer

Pour le glaçage
200 g de sucre
4 cuil. à soupe de jus de fruits de la passion (environ 8 à 10 fruits de la passion, passés au chinois)
1 $\frac{1}{2}$ cuil. à soupe de graines de fruits de la passion
250 g de beurre doux

Un peu d'info

On trouve des fruits de la passion dans les grands supermarchés. Ils apportent une touche acidulée qui se marie délicieusement avec le chocolat blanc.

Sachertorte

1 Préchauffez le four à 180 °C (th. 5), 10 minutes à l'avance. Graissez légèrement un moule à manqué de 23 cm assez profond.

2 Faites fondre 150 g de chocolat dans un récipient résistant à la chaleur, placé au-dessus d'une casserole d'eau frémissante. Ajoutez une cuillerée d'eau, remuez et laissez refroidir.

3 Battez ensemble le beurre et 125 g de sucre jusqu'à obtenir un mélange léger et mousseux. Incorporez les jaunes d'œufs un par un, en battant énergiquement après l'introduction de chacun. Incorporez le chocolat fondu, puis la farine.

4 Dans un saladier propre, ne comportant aucune trace de graisse, battez les blancs en neige ferme, puis ajoutez le reste de sucre en continuant de battre. Incorporez au mélange au chocolat et versez dans le moule. Mettez au four 30 minutes jusqu'à ce que la pâte soit ferme. Laissez reposer 5 minutes, démoulez sur une grille métallique et laissez refroidir ainsi le gâteau, à l'envers.

5 Pour décorer, coupez le gâteau froid en deux et placez une moitié sur une assiette de service. Faites chauffer la confiture et passez-la au chinois.

6 Badigeonnez la 1re moitié de gâteau avec la moitié de la confiture, couvrez avec la 2e moitié du gâteau, badigeonnée à son tour du reste de confiture. Laissez 1 heure à température ambiante, jusqu'à ce que la confiture ait pris.

7 Mettez le chocolat noir et le beurre dans un récipient résistant à la chaleur, placé au-dessus d'une casserole d'eau frémissante et laissez fondre. Remuez de temps à autre jusqu'à obtenir une pâte lisse. Attendez qu'elle ait épaissi pour en napper le gâteau.

8 Faites fondre le chocolat blanc dans un récipient résistant à la chaleur, placé au-dessus d'une casserole d'eau frémissante. Transvasez dans une poche en papier sulfurisé dont vous couperez l'extrémité. Dessinez un grand « S » sur le nappage. Laissez prendre à température ambiante.

INGRÉDIENTS
Pour 10 à 12 personnes

150 g de chocolat noir
150 g de beurre doux ramolli
125 g de sucre, 2 cuil. à soupe
  supplémentaires
3 œufs moyens, jaunes et blancs
  séparés
150 g de farine tamisée

Pour décorer
225 g de confiture d'abricots
125 g de chocolat noir
  en morceaux
125 g de beurre doux
25 g de chocolat au lait

Un peu d'info

En 1832, le ministre des Affaires étrangères viennois demanda à un grand hôtel de Vienne de lui préparer un gâteau très appétissant. Le chef pâtissier étant malade, la tâche échut à un apprenti de deuxième année, Franz Sacher, qui proposa ce délice.

Roulé au chocolat

1 Préchauffez le four à 180 °C (th. 5), 10 minutes à l'avance. Graissez légèrement une plaque à génoise de 33 x 23 cm et garnissez-la de papier sulfurisé.

2 Cassez le chocolat en petits morceaux dans un récipient résistant à la chaleur, placé au-dessus d'une casserole d'eau frémissante. Laissez chauffer en remuant de temps en temps jusqu'à ce que le chocolat ait quasiment fondu. Retirez du feu et laissez reposer 5 minutes.

3 Battez les jaunes d'œufs avec le sucre jusqu'à ce que le mélange blanchisse et devienne crémeux et que le batteur laisse son empreinte dans le mélange lorsqu'on le soulève. Incorporez délicatement au chocolat fondu.

4 Dans un saladier propre, n'ayant aucune trace de graisse, battez les blancs d'œufs en neige ferme, puis incorporez-en une grosse cuillerée à la préparation précédente.

5 Mélangez légèrement, puis incorporez délicatement le reste de blancs d'œufs. Versez cette préparation dans la plaque à pâtisserie et lissez la surface. Mettez au four 20 à 25 minutes, jusqu'à ce que la pâte soit ferme.

6 Sortez le gâteau du four et laissez-le sur la plaque. Posez dessus une grille métallique recouverte d'un torchon humide. Laissez reposer 8 heures, ou mieux, une nuit entière.

7 Saupoudrez une grande feuille de papier sulfurisé de 2 cuillerées à soupe de sucre glace. Découvrez le gâteau et démoulez-le sur ce papier. Retirez le papier de cuisson.

8 Battez la crème fraîche bien ferme avec la liqueur. Nappez-en le gâteau en laissant un espace vide de 2,5 cm le long du bord.

9 Aidez-vous du papier pour rouler le gâteau sur lui-même à partir du côté le plus étroit. Transférez sur un plat de service, la jointure de la pâte en dessous, et saupoudrez du reste de sucre glace. Décorez de framboises fraîches et de feuilles de menthe et servez.

INGRÉDIENTS
Pour 8 personnes

200 g de chocolat noir
200 g de sucre
7 œufs moyens, jaunes et blancs séparés
300 ml de crème fraîche épaisse
3 cuil. à soupe de Cointreau ou de Grand Marnier
4 cuil. à soupe de sucre pour saupoudrer

Pour décorer
framboises fraîches
feuilles de menthe fraîche

Le bon truc

Après avoir passé une nuit dans le moule, le gâteau aura une texture moelleuse et risquera moins de se briser lorsque vous le roulerez.

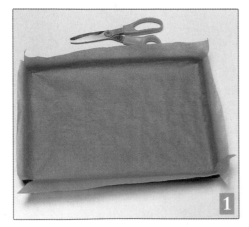

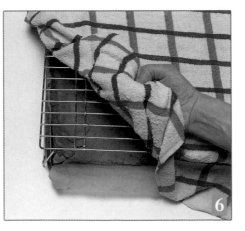

Suprême au chocolat noir

1 Préchauffez le four à 180 °C (th. 5), 10 minutes à l'avance. Graissez légèrement 3 moules à manqué ronds de 20 cm de diamètre. Placez tous les ingrédients du gâteau dans un saladier et battez jusqu'à obtenir un mélange ferme. Ajoutez un peu d'eau chaude s'il est trop épais. Répartissez également le mélange entre les 3 moules. Mettez au four 35 à 40 minutes, jusqu'à ce qu'une brochette plantée au centre en ressorte sèche. Faites refroidir sur des grilles métalliques.

2 Faites fondre à feu très doux 50 g de chocolat avec 2 cuillerées à soupe d'eau chaude, remuez pour bien mélanger. Enlevez du feu et laissez reposer 5 minutes. Placez la gélatine dans une assiette creuse avec 2 cuillerées à soupe d'eau froide. Laissez reposer 5 minutes, pressez pour éliminer le surplus d'eau, ajoutez au chocolat fondu. Mélangez jusqu'à ce que la gélatine soit dissoute. Battez la crème fraîche pour qu'elle épaississe un peu. Ajoutez le mélange chocolat et gélatine, continuez à battre jusqu'à ce que l'ensemble soit bien ferme. Laissez reposer cette préparation le temps qu'elle commence à prendre.

3 Placez l'un des gâteaux sur un plat de service et nappez-le de la moitié de la préparation à la crème. Posez dessus un 2ᵉ gâteau, puis le reste de la crème, couvrez du 3ᵉ gâteau et faites rafraîchir au réfrigérateur jusqu'à ce que la crème prenne.

4 Faites fondre 175 g de chocolat avec le beurre et remuez jusqu'à obtenir une pâte lisse. Laissez épaissir. Faites fondre le reste de chocolat. Découpez des carrés de papier d'aluminium de 12 x 10 cm. Étalez de façon régulière le chocolat sur ces carrés, en laissant une marge de 2,5 cm. Réfrigérez 3 à 4 minutes, le temps qu'il fige sans devenir cassant. Rassemblez les coins du papier d'aluminium et repliez en papillotes pour former de gros copeaux. Remettez au réfrigérateur jusqu'à ce que le chocolat ait bien pris.

5 Étalez la pâte au chocolat et au beurre sur le dessus et les côtés du gâteau. Sortez les gros copeaux de leurs papillotes et disposez-les au sommet du suprême. Saupoudrez de cacao en poudre et servez en tranches.

INGRÉDIENTS
Pour 10 à 12 personnes

Pour le gâteau
175 g de farine avec levure incorporée tamisée
1 ½ cuil. à café de levure chimique tamisée
3 cuil. à soupe de cacao en poudre tamisé
175 g de margarine ou de beurre ramolli
175 g de sucre
3 gros œufs

Pour décorer
350 g de chocolat noir
1 feuille de gélatine
200 ml de crème fraîche épaisse
75 g de beurre
cacao en poudre pour saupoudrer

Le bon truc

Vous pouvez simplifier la recette en décorant avec des copeaux simples.

Meringue au chocolat et aux noisettes

1 Préchauffez le four à 150 °C (th. 3), 5 minutes à l'avance. Découpez 3 rectangles de papier sulfurisé de 30,5 x 12,5 cm et posez-les sur 2 ou 3 plaques à pâtisserie.

2 Montez les blancs d'œufs en neige, ajoutez la moitié du sucre et battez jusqu'à ce que le mélange soit ferme, lisse et luisant. Incorporez le reste de sucre, cuillerée par cuillerée, en battant vigoureusement au fur et à mesure. Continuez à battre 1 minute après avoir tout incorporé. Ajoutez les noisettes et mélangez.

3 Versez la meringue à la cuiller sur les rectangles de papier, avec un mouvement d'aller et retour continu. Mettez au four 1 h 15, puis sortez et laissez refroidir. Taillez les bords des meringues pour obtenir des rectangles de 25 x 10 cm.

4 Faites fondre le chocolat et le beurre dans un récipient résistant à la chaleur, placé sur une casserole d'eau frémissante. Remuez jusqu'à obtenir une pâte lisse. Enlevez du feu et incorporez les jaunes d'œufs en battant. Montez les blancs en neige ferme, ajoutez le sucre glace par petites doses successives en battant toujours. Incorporez les blancs d'œufs dans la préparation au chocolat et mettez au réfrigérateur 20 à 30 minutes, jusqu'à ce que ce mélange soit assez épais pour napper. Battez la crème fraîche bien ferme. Réservez.

5 Placez l'une des plaques de meringue sur un plat de service. Nappez-la avec la moitié de la mousse au chocolat, puis posez dessus une 2e plaque de meringue. Étalez le reste de mousse, puis ajoutez la 3e meringue. Nappez avec la crème fraîche fouettée et éparpillez les noisettes concassées. Faites refroidir au réfrigérateur au moins 4 heures, jusqu'à 24 heures si vous en avez la possibilité. Coupez en tranches avant de servir.

INGRÉDIENTS
Pour 8 à 10 personnes

5 blancs d'œufs moyens
275 g de sucre
125 g de noisettes finement concassées et grillées
175 g de chocolat noir
100 g de beurre
3 œufs moyens, jaunes et blancs séparés
1 blanc d'œuf moyen
25 g de sucre glace
125 ml de crème fraîche épaisse
noisettes grillées et concassées pour décorer

Une question de goût

Vous pouvez faire un gâteau rond si vous préférez. Versez alors la meringue dans des moules ronds de 20 cm de diamètre. Taillez les bords pour obtenir des cercles de 18 cm.

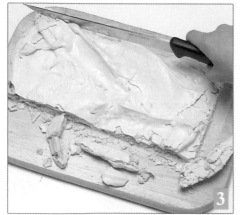

Forêt noire

1 Préchauffez le four à 150 °C (th. 3), 5 minutes à l'avance. Graissez légèrement un moule à manqué de 23 cm assez profond et garnissez-le de papier sulfurisé.

2 Faites fondre le beurre dans une grande casserole. Diluez le café dans l'eau chaude, ajoutez-le au beurre avec le chocolat et le sucre. Faites chauffer à feu doux en remuant jusqu'à obtenir une pâte lisse. Versez dans un grand saladier et laissez à peine tiédir.

3 Tamisez ensemble les farines et le cacao en poudre. Au batteur électrique, battez à vitesse lente la préparation au chocolat et ajoutez progressivement les ingrédients secs. Incorporez les œufs un par un, toujours en battant, puis l'extrait de vanille.

4 Versez ce mélange dans le moule et mettez au four 1 h 45, jusqu'à ce qu'il soit ferme et qu'une brochette piquée au centre ressorte sèche. Laissez tiédir 5 minutes dans le moule avant de démouler sur une grille métallique.

5 Mettez les cerises et leur sirop dans une petite casserole et faites chauffer à feu doux.

6 Mélangez la fécule avec 2 cuillerées à café d'eau pour obtenir une pâte lisse et fluide, versez dans les cerises et remuez. Continuez la cuisson en remuant jusqu'à ce que le liquide épaississe. Faites frémir doucement 2 minutes, puis laissez refroidir.

7 Battez la crème fraîche jusqu'à ce qu'elle commence à épaissir. Coupez le dessus du gâteau pour l'égaliser si nécessaire, puis découpez-le en 3 couches.

8 Badigeonnez la base du gâteau avec la moitié du kirsch. Recouvrez d'une couche de crème fraîche et d'un tiers des cerises. Répétez cette opération et posez la dernière couche de gâteau sur le dessus.

9 Réservez un peu de crème fraîche pour la décoration et utilisez le reste pour napper le dessus et les côtés. Dessinez à la poche à douille un motif décoratif sur le pourtour, puis disposez les cerises restantes au centre.

INGRÉDIENTS
Pour 10 à 12 personnes

250 g de beurre
1 cuil. à soupe de café instantané
350 ml d'eau chaude
200 g de chocolat noir
 en morceaux
400 g de sucre
225 g de farine avec levure
150 g de farine
50 g de cacao en poudre
2 œufs moyens
2 cuil. à café d'extrait de vanille
2 boîtes de 400 g de cerises
 au sirop dénoyautées
2 cuil. à café de fécule (Maïzena
 ou farine de maïs)
600 ml de crème fraîche épaisse
50 ml de kirsch

Le bon truc

Ce gâteau peut être dégusté immédiatement après avoir été préparé, mais il gagne à être réfrigéré 1 à 2 heures, le temps que la crème prenne un peu. Il sera alors plus facile à découper.

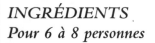

Cake au chocolat
et à la marmelade d'oranges

1 Préchauffez le four à 180 °C (th. 5), 10 minutes à l'avance. Graissez légèrement un moule à cake de 900 g et garnissez le fond de papier sulfurisé. Mettez l'orange dans une petite casserole, recouvrez d'eau froide et portez à ébullition. Laissez frémir pendant 1 heure jusqu'à ce que l'orange ait complètement ramolli. Égouttez et laissez refroidir.

2 Mettez 2 jaunes d'œufs, 1 œuf entier et le sucre dans un récipient résistant à la chaleur, placé au-dessus d'une casserole d'eau frémissante et battez jusqu'à ce que la préparation ait doublé de volume. Retirez du feu et continuez à battre 5 minutes, jusqu'à refroidissement.

3 Coupez l'orange entière en deux et retirez les pépins. Réduisez-la en purée au robot ou au mixer.

4 Incorporez délicatement cette purée au mélange de jaunes d'œufs avec l'amande en poudre et le chocolat fondu.

5 Battez les blancs d'œufs en neige ferme. Incorporez-en une grosse cuillerée dans la préparation au chocolat, puis le reste.

6 Versez dans le moule et mettez au four 50 minutes, jusqu'à ce que le gâteau soit ferme et qu'une brochette piquée au centre ressorte sèche. Laissez refroidir avant de démouler. Retirez le papier de cuisson avec précaution.

7 Pendant ce temps de refroidissement, battez la crème fraîche jusqu'à ce qu'elle épaississe. Dans un autre saladier, mélangez le fromage frais avec le sucre glace et la marmelade jusqu'à obtenir une pâte lisse, puis incorporez la crème fraîche battue.

8 Laissez refroidir la crème à la marmelade au réfrigérateur jusqu'au moment de servir. Décorez avec le zeste d'orange et servez en tranches accompagnées de la crème à la marmelade.

INGRÉDIENTS
Pour 6 à 8 personnes

1 petite orange lavée
2 œufs moyens, jaunes et blancs séparés
1 œuf entier
150 g de sucre
125 g d'amandes en poudre
75 g de chocolat noir fondu
100 ml de crème fraîche épaisse
200 g de fromage frais entier sucré
25 g de sucre glace
2 cuil. à soupe de marmelade d'oranges
zeste d'orange pour décorer

Un peu d'info

Ce cake ne contient pas de farine, il risque donc de s'affaisser au centre en refroidissant. C'est tout à fait normal et cela ne signifie pas qu'il n'est pas cuit.

Roulé aux morceaux de chocolat

1 Préchauffez le four à 180 °C (th. 5), 10 minutes à l'avance. Graissez légèrement une plaque à génoise de 20 x 30 cm et garnissez-la de papier sulfurisé. Battez les jaunes d'œufs et le sucre au batteur électrique pendant 5 minutes, jusqu'à ce que le mélange épaississe, puis incorporez 2 cuillerées à soupe d'eau chaude et le chocolat râpé, en remuant. Pour finir, incorporez la farine tamisée.

2 Battez les blancs d'œufs en neige ferme, puis incorporez-en 1 à 2 cuillerées dans la préparation au chocolat. Mélangez légèrement, puis incorporez délicatement le reste de blancs d'œufs. Versez dans le moule et mettez au four environ 12 minutcs, jusqu'à ce que le gâteau soit ferme.

3 Posez une grande feuille de papier sulfurisé sur un plan de travail et saupoudrez généreusement de sucre. Démoulez le gâteau sur cette feuille et retirez le papier de cuisson. Coupez les bords craquelés. Roulez le gâteau sur lui-même, laissez reposer 2 minutes, puis déroulez et laissez refroidir.

4 Battez la crème fraîche avec le sucre glace et l'extrait de vanille jusqu'à ce que le mélange épaississe. Réservez une partie de cette crème fraîche pour la décoration, recouvrez le gâteau du reste, en laissant un espace de 2,5 cm tout autour. Aidez-vous du papier sulfurisé pour rouler le gâteau, en partant de la partie la plus étroite du gâteau.

5 Transférez avec précaution le roulé sur un grand plat de service et décorez le dessus du gâteau avec la crème réservée. Ajoutez les copeaux de chocolat au dernier moment, coupez en tranches et servez. Conservez au réfrigérateur.

INGRÉDIENTS
Pour 8 personnes

4 œufs moyens, jaunes et blancs séparés
125 g de sucre
60 g de chocolat noir râpé
75 g de farine avec levure tamisée
2 cuil. à soupe de sucre,
   + une dose pour le saupoudrage
150 ml de crème fraîche épaisse
2 cuil. à café de sucre glace
1 cuil. à café d'extrait de vanille
copeaux de chocolat pour décorer

Le bon truc

Veillez à laisser un espace entre la crème et le bord du gâteau avant de le rouler, sinon la crème débordera aux extrémités.

Génoise au chocolat blanc et aux framboises

1 Préchauffez le four à 190 °C (th. 5), 10 minutes à l'avance. Graissez 2 moules à manqué ronds de 23 cm et garnissez-les de papier sulfurisé. Battez les œufs et le sucre jusqu'à ce que le mélange soit crémeux et que le batteur y laisse son empreinte. Incorporez les 2 farines, puis répartissez entre les 2 moules. Mettez au four 12 à 15 minutes, jusqu'à ce que le gâteau ait gonflé et soit ferme. Laissez refroidir, puis démoulez sur des grilles métalliques.

2 Placez les feuilles de gélatine dans un plat avec 4 cuillerées à soupe d'eau froide et laissez ramollir 5 minutes. Réduisez la moitié des framboises en purée, passez-les au chinois puis faites chauffer dans une casserole, faites frémir juste avant le point d'ébullition. Pressez la gélatine pour éliminer l'eau, ajoutez-la à la purée et remuez jusqu'à ce qu'elle soit dissoute. Réservez.

3 Faites fondre 175 g du chocolat dans un récipient résistant à la chaleur, placé au-dessus d'une casserole d'eau frémissante. Laissez refroidir,

puis incorporez le fromage frais et la purée de framboises. Battez les blancs d'œufs en neige ferme et ajoutez le sucre, toujours en battant. Incorporez-les à la préparation précédente, ajoutez le reste des framboises.

4 Tapissez de papier sulfurisé le bord d'un moule à manqué de 23 cm. Placez un des gâteaux au fond et arrosez avec la moitié de la liqueur. Versez la préparation à la framboise et recouvrez du second gâteau. Recouvrez avec le reste de liqueur. Tassez et placez au réfrigérateur pendant 4 heures. Démoulez sur un plat de service.

5 Découpez, en double épaisseur, une bande de papier sulfurisé de la longueur de la circonférence du gâteau et d'une hauteur supérieure de 1 cm à celle du gâteau. Faites fondre le chocolat restant et étalez-le en couche épaisse sur ce papier. Laissez prendre. Enveloppez le gâteau de cette bande et mettez 15 minutes au congélateur. Retirez délicatement le papier. Battez la crème bien ferme et nappez-en le dessus du gâteau. Décorez avec les demi-framboises.

INGRÉDIENTS
Pour 8 personnes

4 œufs moyens
125 g de sucre
75 g de farine tamisée
25 g de farine de maïs tamisée
3 feuilles de gélatine
450 g de framboises fraîches ou décongelées
400 g de chocolat blanc
200 g de fromage frais nature
2 blancs d'œufs moyens
25 g de sucre
4 cuil. à soupe de liqueur de framboise ou d'orange
200 ml de crème fraîche épaisse
framboises fraîches coupées en deux pour décorer

Le bon truc

Efforcez-vous d'attendre que le chocolat soit bien pris pour entourer le gâteau de la bande de papier sulfurisé, sinon il coulera et son habillage sera irrégulier.

Fondant orange-chocolat noir

1 Préchauffez le four à 180 °C (th. 5), 10 minutes à l'avance. Graissez légèrement 2 moules à manqué de 23 cm et garnissez-les de papier sulfurisé. Mélangez le cacao en poudre et 50 ml d'eau bouillante, jusqu'à obtenir une pâte lisse. Incorporez le zeste d'orange, remuez et réservez. Tamisez ensemble la farine, la levure chimique, le bicarbonate de soude et le sel, réservez. Battez ensemble le sucre et le beurre ramolli et incorporez les œufs un par un, toujours en battant, puis la préparation au chocolat et l'extrait de vanille. Pour finir, incorporez le mélange de farine et la crème fraîche liquide cuillerée par cuillerée, en alternant.

2 Répartissez cette préparation entre les deux moules et mettez au four 35 minutes, jusqu'à ce que les bords des gâteaux s'écartent de la paroi du moule et que le dessus reprenne sa forme lorsque l'on appuie dessus. Laissez refroidir dans le moule 10 minutes, puis démoulez sur des grilles métalliques, jusqu'à complet refroidissement.

3 À feu doux, faites chauffer ensemble le beurre, le lait et le zeste d'orange. Laissez frémir 10 minutes en remuant de temps à autre. Retirez du feu et enlevez le zeste.

4 Versez ce mélange encore chaud dans un grand saladier et incorporez le cacao en poudre en remuant. Ajoutez progressivement le sucre glace tamisé et battez jusqu'à obtenir une pâte lisse qui se prête au nappage. Placez l'un des gâteaux sur un grand plat de service. Recouvrez d'un quart de l'appareil de nappage, posez le second gâteau au-dessus, puis recouvrez l'ensemble du reste de nappage. Servez.

INGRÉDIENTS
Pour 8 à 10 personnes

60 g de cacao en poudre
le zeste râpé de 1 orange
350 g de farine avec levure
2 cuil. à café de levure chimique
1 cuil. à café de bicarbonate de soude
1/2 cuil. à café de sel
225 g de sucre roux
175 g de beurre ramolli
3 œufs moyens
1 cuil. à café d'extrait de vanille
250 ml de crème fraîche liquide
6 cuil. à soupe de beurre (ou 20 g)
6 cuil. à soupe de lait
le zeste de 1 orange, finement pelé
6 cuil. à soupe de cacao en poudre
250 g de sucre glace tamisé

Le bon truc

Ce gâteau se conserve très bien jusqu'à cinq jours dans un récipient hermétique.

Gâteau au chocolat blanc et aux airelles

1 Préchauffez le four à 180 °C (th. 5), 10 minutes à l'avance. Graissez légèrement et farinez un moule à kouglof. Au batteur électrique, battez le beurre et le fromage frais avec le sucre, jusqu'à obtenir un mélange léger et mousseux. Ajoutez le zeste d'orange râpé et l'extrait de vanille, battez jusqu'à ce que la préparation soit lisse, puis incorporez les œufs un par un, toujours en battant.

2 Tamisez ensemble la farine et la levure chimique et incorporez progressivement dans le mélange précédent en battant vigoureusement au fur et à mesure. Incorporez les airelles et 175 g du chocolat blanc. Versez dans le moule et mettez au four 1 heure, jusqu'à ce que le gâteau soit ferme. Laissez refroidir dans le moule, puis démoulez sur une grille métallique.

3 Faites fondre le reste de chocolat blanc, remuez jusqu'à ce qu'il forme une pâte lisse, puis incorporez le jus d'orange en remuant et laissez refroidir jusqu'à ce que le mélange ait épaissi. Transférez le gâteau sur un plat de service et nappez-le du glaçage à l'orange et au chocolat. Laissez prendre.

INGRÉDIENTS
Pour 4 à 6 personnes

225 g de beurre ramolli
250 g de fromage frais entier sucré
150 g de sucre roux
200 g de sucre
le zeste râpé de 1/2 orange
1 cuil. à café d'extrait de vanille
4 œufs moyens
375 g de farine
2 cuil. à café de levure chimique
200 g d'airelles, fraîches ou décongelées
225 g de chocolat blanc en gros morceaux
2 cuil. à soupe de jus d'orange

Une question de goût

Si vous ne pouvez pas vous procurer d'airelles, fraîches ou congelées, remplacez-les par des pommes à cuire coupées en dés, ou par des raisins ou des abricots secs coupés en morceaux.

Le bon truc

Un moule à kouglof est un moule en anneau à bords cannelés qui donne une forme décorative au gâteau. Le kouglof est un gâteau alsacien à la levure, assez proche du panettone italien.

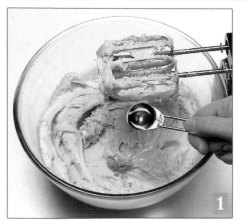

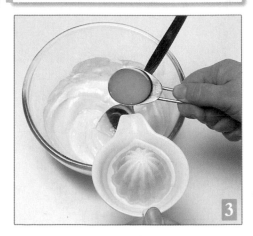

INDEX